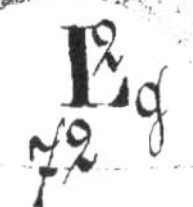

HISTOIRE

DE

LA PARTICIPATION DE LA FRANCE

À L'ÉTABLISSEMENT

DES ÉTATS-UNIS D'AMÉRIQUE

CORRESPONDANCE DIPLOMATIQUE ET DOCUMENTS

PAR

HENRI DONIOL

MEMBRE DE L'INSTITUT

COMPLÉMENT DU TOME V

PARIS
IMPRIMERIE NATIONALE

M DCCC XCIX

HISTOIRE

DE

LA PARTICIPATION DE LA FRANCE

À L'ÉTABLISSEMENT

DES ÉTATS-UNIS D'AMÉRIQUE

HISTOIRE

DE

LA PARTICIPATION DE LA FRANCE

À L'ÉTABLISSEMENT

DES ÉTATS-UNIS D'AMÉRIQUE

CORRESPONDANCE DIPLOMATIQUE ET DOCUMENTS

PAR

HENRI DONIOL

MEMBRE DE L'INSTITUT

COMPLÉMENT DU TOME V

PARIS

IMPRIMERIE NATIONALE

M DCCC XCIX

AUTORISATION D'IMPRIMER DU 6 MAI 1899

Je donne ici le complément de l'ouvrage par lequel, il y a une dizaine d'années, j'ai, le premier, fait entrer dans l'histoire écrite l'exposé et les documents de la participation de la France à l'établissement des États-Unis. Le gouvernement de Louis XVI avait recherché en cela le moyen de rendre à la Couronne sa situation en Europe, perdue depuis les défaites de la guerre de Sept ans. Ce résultat étant atteint par la signature des Articles préliminaires de paix, je pus arrêter à la date de cet acte l'œuvre que je m'étais proposée. Je pensai même qu'après avoir relaté minutieusement la manière dont s'étaient engagés et continués les pourparlers, je devais m'en tenir à constater qu'ils avaient abouti.

Depuis lors, regardant de plus près, j'ai reconnu qu'il n'aurait pas été sans intérêt d'aller au delà. La suite de ces pourparlers, les dispositions morales qu'ils révèlent chez les hommes politiques par qui ils sont conduits, les idées et les sentiments dont leurs auteurs s'inspirent sont vraiment du domaine de l'histoire. D'autre part, les négociations qu'il y eut à suivre pour arriver au traité final attendent encore d'être retracées. Elles durent sept mois, et elles se passent dans un tout autre milieu que celui de la première période. Non que l'objet ne soit plus le même : simplement les clauses précédentes à revoir, leurs termes définitifs à fixer. Mais le gouvernement du roi est en présence d'autres personnes et d'autres points de vue. Auparavant, du côté de l'Angleterre les grands whigs *du Parlement en lord Shelburne et lord Grantham, soutenus à cette heure par George III; des deux bords, largeur d'esprit, notions communes d'une politique fondée désormais, pour chaque nation, sur la jouissance pacifique du droit, et internationalement sur l'extension des échanges, sur le rayonnement de la civilisation. A présent, un retour du vieil esprit* tory *inspirant Fox, décrié et cherchant là une solidité politique interdite à la fois à sa situation propre et à sa nature. Par suite, des tiraillements répétés pendant qu'au contraire les deux pays s'empressent au rapprochement l'un de l'autre.*

*Pour introduire dans l'*Histoire de la participation, etc., *ces parties antérieurement laissées en dehors, il n'est pas besoin d'un volume. Le dernier chapitre seulement, le chapitre* VIII *du tome V, est à remanier. De son texte autrement ordonné et de l'historique à y ajouter, former les trois chapitres* VIII, IX, X, *il n'en faut pas davantage. Ce sont ces chapitres supplémentaires que l'on va trouver ici. Imprimés sous les mêmes lettre, justification et papier que l'édition primitive, ils sont la continuation pure et simple des précédents. Les* Articles préliminaires *et le* Traité de paix *y figurent en annexes. Le chapitre* X *clôt l'ouvrage, tandis qu'il se terminait au* VIIIe *antérieurement. La même méthode a d'ailleurs été observée dans la composition : puiser le récit aux documents eux-mêmes, introduire ces documents à leur place exacte, en faire ressortir et en interpréter la suite. Les chapitres nouveaux succéderont ainsi de soi à ceux qui les précèdent dans le cinquième et dernier volume de l'ouvrage déjà publié.*

H. D.

Paris, juin 1899.

CHAPITRE VIII.

ARTICLES PRÉLIMINAIRES DE PAIX;

SATISFACTION CAUSÉE PAR LEUR SIGNATURE.

Transition à ce chapitre. — Situation constatée par Rayneval au moment où lui parvient l'avis qu'il est possible d'amener la cour de Madrid à renoncer à Gibraltar; empressement de lord Grantham à porter au conseil des ministres des propositions en conséquence; offre à l'Espagne des deux Florides et de Minorque en échange de cette place. — A l'étonnement de Versailles, le comte d'Aranda accepte immédiatement pour sa cour; probabilité que ses instructions l'y autorisaient; courte durée de la satisfaction qui en résulte, lord Shelburne entendant que la Dominique suive le sort de Gibraltar. — Retour d'opinion de M. de Vergennes sur ce ministre; lettre à Rayneval à ce sujet. — Action de George III pour la paix; Tabago présenté à la France avec des satisfactions à Pondichéry, en compensation de la Dominique. — Scission ouverte dès lors dans le cabinet anglais; opinions hostiles qui y sont émises; *ultimatum* envoyé à Fitz-Herbert; instances de Rayneval pour que le roi accède aux avances de Londres. — Parti de la guerre autour de Louis XVI; écho et créance qu'il trouvait en Angleterre; M. de Vergennes décide le roi malgré tout; sa raison déterminante; précaution qu'il prend d'avoir l'*approuvé* du monarque; explications à Rayneval. — Retour de confiance, satisfaction des deux gouvernements, pleins pouvoirs donnés; signature des Préliminaires. — Sincère contentement de lord Shelburne et de lord Grantham; vues élevées qui inspirent le langage du roi d'Angleterre à Rayneval et celui du roi de France à Fitz-Herbert; rapport et lettre particulière de Rayneval rendant compte de son audience. — Que le besoin de la paix était réel en Angleterre comme en France, et que lord Shelburne et lord Grantham ne nous avaient pas dupés. — Pourquoi l'on poussait d'autre part Louis XVI au renouvellement de la guerre; le ministre, fatigué de travail, rappelle Rayneval à côté de lui et envoie provisoirement le comte de Moustier à Londres comme chargé d'affaires. — Témoignages dont Rayneval et le jeune de Vergennes sont l'objet au moment de partir; entretien avec George III; lettre de lord Shelburne. — Communauté de sentiments entre les deux ministres; expression donnée aux siens par Vergennes à propos de l'audience royale du plénipotentiaire.

La campagne de Virginie une fois terminée, nous n'avons plus regardé aux affaires militaires en Amérique. Le séjour de notre corps d'armée sur les côtes de la Chesapeak; son retour ultérieur dans le Nord en vue de concourir à l'attaque de New-York, le cas échéant; bientôt l'embarquement de nos soldats pour les Îles, les témoignages rendus à leurs services par le Congrès au nom des États-Unis et par 1782.

1782. Washington à raison de son commandement; le comte de Rochambeau partant pour la France, le 14 janvier 1783, avec le danger, à peine en mer, d'être capturé par une frégate anglaise comme le plus vulgaire officier, nous avons laissé ces détails en dehors [1]. Eux et d'autres qui leur sont liés, ils devenaient sans objet dans le présent ouvrage. C'étaient des matériaux à réserver pour un livre qu'on écrira sans doute quelque jour, exposant nos relations avec le gouvernement des États-Unis pendant les vingt années écoulées entre la paix qui va être conclue et celle de 1804. Il y aura, en effet, de l'intérêt à voir s'établir et se développer, malgré les singuliers représentants qu'eut la France auprès du Congrès à de certains moments, notre amitié mutuelle avec cette république, créée grâce à nous et que les dédains méprisants de l'Angleterre auront alors punie de la défection à l'alliance dont ses négociateurs s'étaient plu à donner en son nom le bénéfice au cabinet de Londres. Nous ne devions plus nous intéresser qu'aux indices et aux négociations de la paix qui sanctionnerait la formation de la nation américaine, et consacrerait l'effective participation de la France à son établissement.

Pour achever l'œuvre, il nous reste à conduire le récit jusqu'à la signature de cette paix si disputée. Il fallait d'abord en poser les Préliminaires. La dépêche du 7 décembre, annonçant à Rayneval que l'Espagne abandonnait Gibraltar, n'était parvenue que le 10 au

[1] Washington avait été tout d'abord très inquiet du lendemain, à l'annonce du départ de nos troupes; il les remercia ensuite avec émotion, et notamment dans cette lettre à La Luzerne, dont celui-ci envoya la traduction à Versailles : — «Du Quartier général, le «23 avril 1783. — Monsieur, — J'ai reçu la «lettre dont Votre Excellence m'a honoré le «10 de ce mois. Différents arrangements pris «par le Congrès me donnant lieu de croire que «cette assemblée ne doute aucunement que «les articles préliminaires de paix ne soient «bientôt suivis d'un traité définitif, je ne puis «supposer la nécessité d'un plus long séjour des «troupes françaises dans ce continent. D'ailleurs «je ne dois pas souhaiter que ces braves gens, «tant officiers que soldats, qui ont servi si noblement et si honorablement les États-Unis, «diffèrent par des délais inutiles leur retour «dans leur patrie et chez leurs amis; mais je «désire ardemment qu'ils veuillent bien être «persuadés, en partant, de la grande vénération que m'ont inspirée leurs services et du «sincère attachement que je leur ai voué personnellement. — J'ai l'honneur, etc. — «Gal WASHINGTON.» (*États-Unis*, t. 24, n° 66.)

chargé d'affaires. Depuis cinq jours le Parlement avait effectué sa rentrée; toutefois les vacances de Noël allaient suivre, de là un peu plus de temps pour négocier. Les informations qu'en raison de ses nouveaux entretiens Rayneval fut à même de fournir, laissent l'impression que l'on n'avait plus affaire à des ministres comme jusque-là libres de leurs actes. Ils étaient contraints de mesurer ces actes aux sentiments qui régnaient et au parti que leurs adversaires se concertaient pour en tirer. Rayneval se trouvait encore sous le coup de son alerte de la semaine précédente, lord Shelburne sensiblement ébranlé en voyant grandir l'opposition. Aux représentations du cabinet de Versailles, que le plénipotentiaire apporta dans toute leur force, ce ministre opposa les progrès de la fermentation dans le sein même du Conseil. Quant aux conditions antérieurement débattues, il s'en tint, somme toute, à ses réponses précédentes, mais sous une menace de rupture plus accusée. Rayneval fit de même de son côté. Au moment où ils semblaient toucher l'un et l'autre à la malheureuse extrémité de la rupture, le plénipotentiaire, essayant d'enrayer, parla des dispositions avouées par M. de Floridablanca. Lord Shelburne ne méconnut point que la scène changeait, même qu'un terrain avantageux semblait s'offrir; mais le délai qu'il faudrait pour déterminer ce nouveau terrain lui parut presque détourner d'en entreprendre l'ouvrage. Il s'engagea bien à en occuper le Conseil, sensiblement néanmoins comme un chef de cabinet chez qui se révélait la fatigue [1]. 1782.

[1] « Ma dernière proposition, mandait à cet « égard Rayneval à Versailles, a présenté à M[d] « Shelburne un nouvel ordre des choses qui, « malgré l'avantage qu'il lui présentoit, ne lui a « pas semblé entièrement exempt de difficultés, « vû la brièveté du temps qui restoit pour né« gocier en Espagne et le peu d'espoir de réus« sir. Je me suis borné à faire valoir l'offre de « Sa Majesté, à bien faire sentir à M[d] Shel« burne combien elle devoit être agréable au « ministère anglois, et à demander que dans le « cas où elle seroit agréée, on confiât au Roi « franchement et sans réserves les conditions « auxquelles S. M. B. seroit disposée à traiter « avec la cour de Madrid.

« M[d] Shelburne m'a dit que le Conseil s'as« sembleroit le lendemain, et qu'il seroit déli« béré sérieusement sur les trois propositions « que je venois de lui faire. Je n'ai pas cherché « à prolonger mon entretien avec ce ministre, « parce que l'heure du rendés-vous chés M[d] « Grantham étoit passée depuis longtems... »

1782. Rayneval, il est vrai, disait à M. de Vergennes, en lui écrivant à titre privé : « Il faut être sur les lieux pour juger de la fermentation qui « règne dans ce pays-ci. Je ne cherche pas à pénétrer dans les plis du « cœur de M^d^ Shelburne, je ne suis garant de sa droiture que consé-« quemment aux résultats; mais ce que je crois voir clairement, ce « sont les embarras de tous les genres qui environnent ce ministre, et « la nécessité absolüe où il est de justifier sa conduite par tous les « avantages qu'il lui soit possible d'obtenir. »

Il s'en fallait, cependant, que la résolution eût abandonné lord Shelburne. En tout cas, elle se retrouvait entière chez lord Grantham. Rayneval entretint ce dernier un moment après. Plus froid, lui, ou plus habitué aux incidents que lord Shelburne, moins occupé d'ailleurs des manœuvres politiques nécessaires à cette heure, il aperçut aussitôt la clef du dédale dans la possibilité de garder Gibraltar. « Si nous sommes assez heureux de conserver cette place, « dit-il, nous serons invincibles pour l'opposition et vous y gagnerez « autant que nous[1]. » Préjugeant aussitôt l'effet des révélations de Rayneval, il transcrivit soigneusement pour le Conseil du lendemain les propositions que le plénipotentiaire pouvait faire en conséquence. Celui-ci, d'ailleurs, le soir même, les précisa par écrit; c'étaient exactement celles d'auparavant, ajoutées de l'offre du roi de France « de faire toutes les démarches possibles auprès du roi d'Espagne « pour le porter à se désister de Gibraltar[2] ». Grantham avait préjugé juste : l'impression fut pareille à la sienne. La politique de la paix fut dès lors vivement défendue contre les ardents qui ne voulaient rien céder. En sortant, lord Grantham put annoncer au plénipotentiaire la remise d'une note par laquelle le chef du *Foreign Office* l'infor-

[1] « . . . . . Je me suis rendu chés ce secré-« taire d'État à 10 heures, écrivit Rayneval, je « lui ai répété à peu près les mêmes choses que « j'avois dites à son collègue; je ne vous cache-« rai pas qu'il a été plus ouvert que celui-ci, et « qu'il a senti une grande satisfaction en entre-« voyant la possibilité de conserver Gibraltar. « M^d^ Grantham a pris notte de mes trois pro-« positions, afin de pouvoir en rendre compte « au Conseil, et il m'a quitté pour aller conférer « d'avance à M^d^ Shelburne. . . . . . »

[2] *Angleterre*, t. 539, n° 72.

merait que Minorque et les deux Florides étaient proposées à l'Es- 1782.
pagne en remplacement de Gibraltar, sous la réserve d'arrangements pour les Bahama et Campêche. « Le Conseil, explique notre envoyé, « a duré depuis midi jusqu'à 3 heures... Ce ministre m'a dit que « l'on s'étoit attaché à l'espérance de conserver Gibraltar, et que l'on « avoit en conséquence délibéré sur les conditions que l'on pourroit « proposer à l'Espagne. Selon ce qu'il m'a dit, il y a eu de très vifs « débats à ce sujet, et il a eu bien de la peine à arracher les propo- « sitions qu'il étoit autorisé à faire, et qu'il m'a communiquées ver- « balement telles que vous les trouverés dans la notte ci-jointe, que « je n'ai reçue qu'hier au soir[1]. »

Les ministres de George III pressaient maintenant Rayneval. Leur silence sur le traité avec l'Amérique commençait à étonner le Parlement; sans doute on n'y tarderait pas à exiger qu'ils en parlassent, mais aussi qu'ils parlassent de ce qui concernait l'Europe. Il demande donc à Versailles de le mettre rapidement en situation de savoir à quoi s'en tenir. De nouveau, toutefois, il se sentait obligé d'avertir M. de Vergennes de l'état des esprits, et l'on juge en l'entendant combien la signature des Américains avait privé la France du poids qui aurait fait rechercher la sienne, même si l'Espagne s'était tue : « Je ne me « permets aucune réflexion, Monseigneur, sur les détails que j'ai l'hon- « neur de vous transmettre. Je me borne à vous supplier de considérer

[1] *Angleterre*, t. 539, n° 71 : « Cette note « n'est pas signée, parce que je n'avois aucune « autorité pour signer la mienne, ce que l'on « trouve ici être un inconvénient : c'est à vous, « Monseigneur, à en juger. » — La note était accompagnée d'un billet de lord Grantham qui débutait ainsi : « Witehall ce 11 D^{bre} 1782. — « Monsieur, — Ayant eu l'honneur dans mon « billet de ce matin de vous prévenir que je « devois prendre les ordres du Roi et du conseil « de ses ministres sur les propositions que conte- « noit le résumé de ce que vous m'avez commu- « niqué hier au soir, j'ai à présent celui de vous « faire tenir la résolution qui a été prise ici à « cet égard. Elle accompagne ce billet-ci, et en « porte la date... » (*Ibid.*, n° 73.) — Voici cette note : « Sa Majesté Britannique, pour prix « de la paix avec l'Espagne, cèdera à cette puis- « sance l'isle de Minorque et les deux Florides.

« Elle demande que les isles de Bahama lui « soient restituées, et que le droit de couper « du bois de campeachy (sous des règlemens « dont on conviendra) lui soit réservé. — 11 de « Déc. 1782. »

1782. « la délicatesse de ma position et d'être persuadé que si je n'achemine « pas les choses suivant le désir du Roi, ce n'est pas faute de zèle de « ma part, mais j'ai à traiter avec un ministère dont la position est « infiniment perplexe : il a à lutter contre une partie du Conseil, le « duc de Richmond à la tête, contre le Parlement et contre les pré- « jugés nationaux; Gibraltar est l'objet de la conversation de tous les « cercles, et je ne sçais pas si, dans le cas où, contre toute vraisem- « blance, le roi d'Espagne ne faisoit pas le sacrifice de son désir, le « Parlement ne renverseroit pas l'ouvrage du Conseil. Il règne une « grande animosité et une grande insolence dans la Chambre des « communes; si les ministres n'ont pas de quoi se justifier, ils seront, « selon toutes les apparences, poursuivis avec un acharnement sans « exemple, et s'ils quittent, ce sera, je le répète, une perte irréparable « pour nous. »

Le courrier de Rayneval n'était pas à Versailles depuis vingt-quatre heures, que le comte d'Aranda donnait le dénouement de la singulière comédie jouée par lui, à coup sûr pour le compte de son gouvernement, non pour le sien propre. Après avoir fait lire ce courrier au roi, M. de Vergennes avait appelé l'ambassadeur, et celui-ci, devant ce qui lui était montré, avait dit aussitôt le mot de la fin, à savoir qu'on pouvait disposer de Gibraltar. « Il est midi », écrit le ministre à Londres, le 16 décembre :

Il est midi, il sort de chez moi, et ce qui ne vous étonnera pas moins que moi, nous ne sommes pas dans la nécessité d'attendre une réponse d'Espagne. M. le Cte d'Aranda accepte les propositions que M. le Cte de Grantham vous a chargé de me transmettre, et pour gagner du temps et faciliter les explications qu'il est dans le cas de demander par rapport à la baye de Honduras et la coupe du bois de Campêche et aux arrangements de commerce, il fait partir demain M. le Chev^r^ de la Heredia, son secrétaire d'ambassade, pour traiter directement ces objets avec le lord Grantham, et même avec le lord Shelburne si celui-ci veut bien l'admettre.

Angleterre, t. 539, n° 89.

Pour croire que le comte d'Aranda n'avait point des instructions autorisant un tel parti, l'histoire demandera des preuves explicites. Toujours est-il que l'œuvre restée jusque-là si laborieuse paraissait dès ce moment achevée. Le ministre, heureux, recommandait tout de suite à Rayneval de « ne pas perdre un moment » afin de faire part aux lords Shelburne et Grantham des dispositions de l'Espagne; il souhaitait « qu'ils éprouvassent en l'apprenant la même satisfaction « que lui à les annoncer ». La paix lui aurait été « de toute manière agréable, mais elle décuplait de prix parce que le désistement de Gibraltar faisait disparaître les échanges dont il s'était agi ». En quoi, pourtant, M. de Vergennes avait tort. Un autre obstacle surgissait aussitôt. A Londres, on entendait maintenir ces échanges. Il y avait loin de la monarchie de France à celle d'Angleterre. Vergennes et le roi pouvaient décider seuls : c'était interdit à George III et à ses conseillers. Il leur fallait convaincre le Parlement, eux, ou plier sous sa volonté. Dans le dernier entretien avec Rayneval, il avait été parlé encore de l'abandon de la Dominique à l'Angleterre. De la part de celui-ci, toutefois, ç'avait été comme d'une question écartée, du moment que l'Espagne se désistait de Gibraltar; de la part de lord Grantham, au contraire, comme d'une chose acquise et sous-entendue. En envoyant au plénipotentiaire la note relative aux nouveaux arrangements, lord Grantham avait même ajouté dans ce sens un mot, il est vrai resté inaperçu. La Dominique était un poste entre la Martinique et la Guadeloupe; l'Angleterre l'avait revendiquée à ce titre en 1763, elle voulait la ressaisir. Quoique Rayneval mandât à Versailles qu'il croyait bien n'avoir pas autorisé d'espoir à cet égard, il ne cachait pas qu'en Conseil lord Shelburne avait promis l'île, et qu'à cause de cela il se sentait dans un embarras extrême. Or une semaine plus tard, répondant à M. de Vergennes qui, lui, avait immédiatement rejeté fort loin la prétention[1], il se voyait contraint d'expliquer avec

1782.

[1] Dépêche du 16 décembre. (*Angleterre*, t. 539, n° 90.)

IMPRIMERIE NATIONALE.

1782. insistance que le cabinet ne pourrait point paraître devant le Parlement sans cette cession; qu'elle avait été considérée comme comprise dans la renonciation à Gibraltar; que c'était pour lord Shelburne une question personnelle outre une question politique; qu'il fallait sérieusement craindre pour le grand ouvrage de la paix si, sur cet article, on n'accordait pas satisfaction[1]. C'est de cette manière, en effet, que lord Shelburne, le même jour, dans une lettre particulière accompagnant une dépêche de lord Grantham, présentait la chose à Fitz-Herbert.

De là deux semaines de contestations nouvelles, à Londres de la part des deux ministres avec notre plénipotentiaire, à Versailles du ministre du roi avec Fitz-Herbert. Des deux côtés, par lassitude plus qu'avec fondement, il fut exprimé des défiances qui contredisaient singulièrement l'estime mutuellement professée peu auparavant. M. de Vergennes n'admettait pas, en lui-même, qu'une opposition prétendue du Parlement pût arrêter le roi d'Angleterre et son ministère. Ministre, lui, d'une monarchie sans contrôle, prenant avec le roi seul les résolutions ou les lui inspirant, une considération pareille n'entrait point dans la notion qu'il avait de la royauté. Il se refusait à croire que le cabinet de Londres ne trouvât pas de moyens pour aplanir un si minime incident, et surtout que la rupture en dût provenir. Pour la première fois, il se retranche derrière les forces réunies par les deux Couronnes, derrière le danger de ne plus être à même d'en empêcher le départ, et, ajoute-t-il, « tandis qu'on travaillait à « arrêter l'effusion du sang humain, on aurait la douleur d'en voir

[1] Rapport de Rayneval, du 20 décembre, et lettre à M. de Vergennes jointe à ce rapport. (*Angleterre*, t. 539, n° 96 et 100.) Dans sa lettre, le plénipotentiaire s'exprimait ainsi : « Comme « un des plus importants de mes devoirs est de « dire les choses comme je les vois, je ne puis « me dispenser de vous observer, Monseigneur, « que si le ministère anglois n'est point content sur l'article de la Dominique, j'ai lieu « de craindre pour le grand ouvrage de la paix : « il me seroit bien plus agréable de vous mander le contraire. Si le Roi ne cède pas aux « instances du ministère Bq̃ue, mylord Shelburne se trouve compromis de la manière la « plus grave, et vous trouverez sûrement que « cette réflexion mérite quelque égard. »

« répandre des torrents[1] ». Finalement, il jette avec déception le 1782.
doute sur la loyauté dont son plénipotentiaire fait avec persistance honneur à lord Shelburne. Le 30 décembre notamment, dans un pli particulier en réponse à cette lettre du 25 en partie transcrite plus haut, où Rayneval se portait avec chaleur garant de la droiture du ministre de Londres. Il venait de discuter avec Fitz-Herbert sur la Dominique, de rédiger les représentations qu'au nom du roi il avait développées à ce sujet et que Rayneval aurait à prendre pour instructions. Énervé par ces contestations renaissantes, mettant sur le compte de la volonté des ministres anglais l'instabilité des négociations, il ne voit presque plus que ruse chez lord Shelburne. Le secrétaire du comte d'Aranda était arrivé à Londres porteur d'un pli de l'ambassadeur plein d'exigences vétilleuses dont ce ministre voudrait être débarrassé; Rayneval avait appuyé ce désir auprès de Versailles[2], la question de l'Inde restait en suspens en ce qui nous

[1] Dépêche et lettre particulière du 25 décembre. Dans cette lettre, minutée de sa main, M. de Vergennes disait, à la fin : « J'ai toujours « évité, Monsieur, de vous parlér de nos prépa« ratifs parce que je ne veux pas qu'on me soup« çonne de meslér le comminatoire au langage « de paix. Ils sont grands, mais vû la tiédeur « du ministère Bq̃ue pour hâtér la conclusion je « tremble que nous ne soions plus à tems d'en « arrêtér le départ. L'état présent de la négocia« tion ne nous y invite pas. » (*Angleterre*, t. 539, n° 114.) Le 16, cependant, dans les dispositions tout opposées résultant des offres du cabinet de Londres à l'Espagne, le ministre avait écrit comme il suit, pensant hâter les affaires : « M. l'ambassadeur d'Espagne vous prie, Mon« sieur, de vouloir bien recommander et avec « instance l'accélération de la négociation. Je « crois que les ministres britanniques n'ont « pas besoin d'être fortement stimulés à cet « égard, et que leur intérêt comme le nôtre « est de faire jouir et bientôt leur nation des « douceurs de la paix, et de borner les dé« penses de la guerre, qui sont très onéreuses « quand elles cessent d'être nécessaires. Nous « avons dans ce moment une belle escadre sortie « de Brest avec un convoi très nombreux; elle « va se réunir à Cadix à une bien plus considé« rable. 20 mille hommes à peu près de débar« quement qui doivent en partir n'annoncent « pas l'intention de faire une guerre molle. Je « n'ai point parlé de cet armement, lorsque « nous étions en contestation et qu'il étoit pos« sible que la négociation se rompît; au terme « où elle se trouve maintenant, je ne crains « pas de vous en faire mention; ce langage ne « peut plus sentir l'ostentation et la menace. » (*Ibid.*, n° 89.) C'est à ces forces toutes prêtes que faisait allusion M. de Vergennes, dans le pli particulier du 25 décembre.

[2] Rapport du 24 décembre. (*Angleterre*, t. 530, n° 111.)

1782. regardait, il en était de même quant à la Hollande : dans ces circonstances décevantes le ministre écrit à son envoyé :

Versailles, le 30 d^bre 1782.

Je profite, M., d'un moment de liberté dont je dispose pour répondre à votre lettre particulière du 25.

Je ne suis pas surpris de l'humeur que cause au Lord Shelburne ce qu'il appelle les minuties de l'Espagne, peut-être la partagerois-je si nous avions plus lieu d'être contents de ce ministre pour ce qui nous interresse; mais en refléchissant sur la marche qu'il tient avec nous depuis quelque tems, afoiblissant un jour ce qu'il avoit promis et paroissant vouloir anéantir ce qui avoit été convenû, il n'est que trop aparent que son but, s'il n'est pas de rompre brusquement la paix est d'en faire trainér la négociation de manière à se réglér d'après les évènemens sur lesquels il compte aparament.

Dans cet état de choses j'estime, M., qu'il y auroit de l'imprudence de notre part de nous compromettre avec l'Espagne pour l'amenér à des désistemens qui ne nous conduiroient probablement pas à une fin heureuse. Si la rupture doit avoir lieu, il vaut mieux qu'elle vienne du fait de l'Espagne que du nôtre. Je ne puis vous dire à quel point je suis choqué de l'arondissement mesquin qu'on nous a proposé pour Pondichery et Karikal. S'il n'y a pas erreur au chifre de votre dépéche qui cotte la somme, vous sentirés q'un revenu de trente mille livres sterlings ne correspond pas à ce qu'on vous avoit d'abord fait espérer. Joignés à cela la répétition de la Dominique et jugés de l'opinion que nous devons avoir de la sinsérité du ministère anglois.

Lord Shelburne paroit se plaindre qu'on ne rend pas hommage à la sienne; j'ignore quelle est l'opinion la plus généralement reçue à cet égard en France comme en A͠gre, mais la mienne ne peut ètre déterminée que par la comparaison des faits.

En raprochant ceux qui nous sont relatifs, je ne suis pas sans embarras pour me fixér; je ne remarquerai, M., qu'une seule contradiction que je vous serai obligé de conciliér. Faut-il rencherir sur les équivalens proposés par le Lord Shelburne lui-même et y ajouter Sainte-Lucie; faut-il ensuite nous répétér la Dominique et en faire une exigeance, c'est le conseil qui lui force la main, et selon lui il ne cède que pour empècher le parti qui incline pour la guerre de l'emportér. Tout se résout donc dans le conseil sans l'aveu duquel les ministres dirigeans ne peuvent rien proposér ni faire; cependant à l'occasion de la signature des articles avec les Américains le même Lord nous dit froidement qu'il ignoroit qu'on eût accordé autant de facilités. Ne seroit-il pas plus loial de dire : nous avons vû jour à nous arrangér avec les Américains, nous nous sommes hatés de finir parce que nous voulons nous en faire un moien pour les séparér de vous ou pour vous réduire à conclurre aux conditions qu'il nous plaira d'accordér. 1782.

Tel est, en effet, M., le but que le ministère Bq̃ue a dû se proposér en se soumettant à des conditions assés peu honorables pour abandonnér ceux qui lui sont demeurés fidèles; je ne négligerai rien pour y remédiér; les Américains ont agi avec une précipitation qui ne seroit pas excusable s'ils en avoient senti les conséquences, mais l'idée d'une défection n'est point entrée dans leur tête et je suis persuadé qu'ils s'empresseront à la détruire si on s'obstine à la leurs prêtér.

L'induction que vous tirés, M., à l'appui de la bonne foi du Lord Shelburne des qualités estimables et vertueuses de ses principaux amis est sans doute d'une grande force. Mais les grands talens et les rares qualités excitent un entousiasme dont les gens les plus froids et les plus sensés ont souvent peine à se garantir et l'on ne peut disconvenir que dans ce genre ce Lord n'ait les plus grands avantages.

Je crois, M., que vous ferés bien pour vous comme pour moi, en rendant au lord Shelburne tous les hommages dont il se montre jaloux, de ne vous rendre ni sa caution ni son garant. Pour moi je proportionnerai mon jugement aux o'uvres; je ne suis point défiant, mais très réservé à livrer ma confiance.

Je suis enchanté du bien que vous me dites de mon fils parce que je me flatte que vous ne m'abusés pas. Ma lettre d'hier vous informe des inquiétudes qu'on cherche à me donnér à son sujet. Dites-lui, je vous prie, que semblable à la femme de César il ne lui suffit pas seulement d'être innocent, mais qu'il ne doit pas être soupçonné.

Angleterre, t. 539, n° 136.

Impressions d'amertume qui contrastent singulièrement avec la confiance qui s'exprimait jusque-là. Dans le fait, cette préface d'une

1782. paix aussi réellement souhaitée, des deux parts, que des deux parts on la sentait nécessaire, ces articles préliminaires de rapprochement conçus et traités à travers des péripéties émouvantes et dont Rayneval pourra enfin, le 1er janvier 1783, adresser à Versailles le texte fixé en commun, il s'en fallait de peu que tout cela ne fût perdu. Rien n'en subsisterait, à moins qu'après avoir fait tout ce qui en procurerait l'avantage aux autres la France ne renonçât à la Dominique, et qu'elle ne renonçât à cette île riche sans une compensation probable. La compensation, en effet, c'était de l'Espagne qu'elle aurait à l'attendre. Les ministres anglais mettaient en avant pour cela Saint-Domingue, stérile, brûlée, nullement enviable. Aussi a-t-on vu Vergennes se raidir contre cette extrémité, en venir pour la première fois à dire qu'il ne faudrait plus compter que sur les armements des deux Couronnes.

C'est George III qui va dénouer cette situation. Lorsqu'on travaillait à obtenir que Madrid renonçât à Gibraltar moyennant des équivalents, il avait si ouvertement appuyé Shelburne proposant de jeter dans la balance les deux Florides pour décider le roi d'Espagne, que l'initiative lui en était attribuée : il eut pour nous, à cette heure, un mouvement semblable. Ce fut dans les derniers jours de 1782. Malgré l'émoi qui était suscité à Londres, au risque de désunir complètement son ministère travaillé par les dissidences, le roi ouvrit l'avis de nous payer la Dominique par l'île de Tabago. Séance dramatique du Conseil de Saint-James. Rayneval en rend compte dans une lettre à M. de Vergennes, du 1er janvier 1783, et dans ses rapports du même jour. En raison de l'assentiment donné par lord Shelburne et par Grantham à l'opinion du roi, en raison aussi du projet, qu'outre quelques autres points convenus avec Rayneval pour la France ils avaient d'ailleurs arrêté de restituer Trinquemalé aux Hollandais pour satisfaire un désir émis par M. de Vergennes, deux opinions s'étaient élevées. Toutes les deux avec véhémence, l'une et l'autre plus que contraires à ces résolutions. De la part de quelques-uns, l'opinion, tout simplement, de continuer la guerre; de la part d'autres, de prendre avantage de l'accord intervenu avec les Américains et d'amener ceux-ci à une alliance positive contre la maison de Bourbon, tout au moins à une neutralité formelle, puis de rentrer alors vigoureusement en hostilités. Les deux ministres subissent des assauts violents. Lord Shelburne, outré de l'opposition de Keppel, ministre de l'Amirauté, lui reproche en plein Conseil, relate Rayneval, «ses «principes antipacifiques, ses cabales, ses conciliabules pour faire «manquer les négociations et soulever le Parlement». 1782.

Néanmoins la paix fut dès lors possible. On décida de nous faire les propositions suggérées par le roi. On les ferait, toutefois, comme un ultimatum dont le refus équivaudrait à la notification d'une définitive rupture. Le 28 décembre, lord Grantham remettait à notre plénipotentiaire une note de sa main libellant ces décisions, et lui demandait d'avoir rapidement sur elles l'avis de sa cour. Presque aussitôt on voulut aller plus vite. Dans une autre réunion du Conseil, le 4 janvier, on statua de transmettre directement ces résolutions au représentant anglais à Versailles, en lui enjoignant de partir aussitôt si elles n'étaient pas admises. Qui plus est, lord Keppel et le duc de Richmond, ce dernier l'un des *wighs* les plus ardents autrefois contre la politique de lord North, étaient sortis pour ne pas prendre part au vote, ce qui annonçait leur retraite; d'autres ministres, Grafton, Camden, Conway, se montraient indécis et par suite, assure Rayneval, George III lui-même après ces incidents[1].

Aussi, en envoyant à Versailles la note de lord Grantham, le plénipotentiaire mettait plus d'insistance que jamais à faire redouter les perspectives, à augurer défavorablement des dispositions du public et de celles du monde politique de Londres. Il affirmait l'urgence que le roi se décidât sans délai; «on avait pu tenir jusqu'ici les négociations en dehors du Parlement, mais si les ministres n'étaient point assurés de compter incessamment sur la paix,

[1] *Angleterre*, t. 540, n° 9.

1783. le Parlement obligerait qu'on lui soumît les clauses, et le parti de la guerre l'emporterait ». Le plénipotentiaire affirmait d'ailleurs une fois de plus la sincérité de lord Shelburne, la grande part qu'il avait eue dans l'intervention du roi, son positif et ferme désir d'aboutir à la paix. Il avait expédié ses plis en toute hâte ; le lendemain, une rencontre avec Shelburne le mettant à même d'en dire davantage, il fait aussitôt courir à Douvres après le courrier, et, dans une lettre privée, il réitère ses démonstrations et les rend plus pressantes. Le ministre de George III « a repris avec lui tout ce qui faisait doute « et y a répondu, garanti encore ses dispositions pacifiques, expliqué « que l'affaire de l'Amérique étant terminée il n'y avait plus d'objet à « la guerre ; il lui tarde de savoir la cordialité rétablie entre la France « et l'Angleterre sur des fondements solides ; ce sera un miracle, a-t-il « dit, mais il faut l'espérer ; toutefois, que ce soit terminé ou manqué « dans dix jours, la rentrée du Parlement s'effectuant alors ». Rayneval lui aussi avait eu son moment de doute au sujet des ministres dont, antérieurement, il affirmait tant la sincérité. Le 12 décembre, il avait mandé à M. de Vergennes qu'« ils avaient en vue éventuelle- « ment la défection des Américains »[1]. Mais, convaincu maintenant, ayant absolument confiance, il terminait par l'assurance que la paix était certaine si le roi approuvait les conditions proposées[2].

« Si cette affaire-ci s'arrange, avait ajouté le plénipotentiaire en « terminant, vous aurez lieu d'être content des ministres anglais, quoi « qu'on ait dit et fait en France pour les rendre suspects et pour « décrier votre besogne. » C'était une allusion à des menées intérieures qui se répercutaient à Londres, qui augmentaient depuis longtemps

[1] *Angleterre*, t. 539, n° 81.

[2] Rayneval n'hésitait pas à écrire, à ce sujet : « Que reste-t-il ? un peu de conjecture sur l'ar- « ticle de l'Inde : croyez-vous que pour cela il « vaille la peine de prolonger ? J'ose faire la « même question par rapport aux Hollandais. « Les choses s'acheminent vers la paix. Elle a « périclité bien des fois, mais les grandes affaires « ne s'arrangent pas sans de grandes discus- « sions. » (1er et 2 janvier 1783. *Angl.*, t. 540.)

déjà les difficultés devant le ministre de Louis XVI, mais d'autant 1783.
plus à nouveau. On a vu antérieurement M. de Vergennes obligé de sauver sa politique de l'atteinte de la cour, cela même dans des moments où la campagne suivie contre l'omnipotence anglaise aurait exigé le plus de liberté d'esprit. Dans une occasion entre autres, ç'avait été au prix de décliner avec une grande dignité de serviteur la démarche qui lui était demandée, à moins que le souverain ne lui donnât de sa main l'ordre formel de la faire. De cette manière seulement, il avait pu retenir celui-ci de se prêter à une avance de paix où le poussaient ses entours et qui aurait déconsidéré la Couronne[1].

La correspondance secrète de l'ambassadeur d'Autriche à Versailles avec Kaunitz, fait assez connaître que le parti aspirant à devenir le gouvernement ne cherchait qu'à reprendre la guerre, tandis que se poursuivait la paix. C'était le pendant, à l'inverse, de l'intrigue menée par Keppel, Richmond et d'autres dans le cabinet de Londres. Ces adversaires de M. de Vergennes pensaient que la mort de Maurepas lui avait ôté l'appui; son peu de naissance leur paraissait l'empêcher de compter : sous l'inspiration de M. de Breteuil, notre ambassadeur à Vienne, ils brûlaient d'occuper sa place. Antérieurement ils avaient cru le renverser en s'efforçant d'arrêter la guerre quand il jugeait patriotique de la continuer; aujourd'hui c'était de la rouvrir tandis qu'il mettait sa gloire à la fermer. Et l'écho de ce qui se décidait dans le cabinet du roi s'échappait à ce point que des avis, tantôt défigurant les intentions, tantôt annonçant l'avènement d'une politique qui serait l'opposé des négociations entreprises, parvenaient directement au cabinet de Londres. Déjà Rayneval avait pu s'en apercevoir aux conversations de lord Shelburne; dans celle qu'analysait sa lettre particulière du 2 janvier, il disait que le ministre anglais hésitait à croire au désir de la paix chez le roi de

[1] *Supra*, t. III, p. 487-488.

IMPRIMERIE NATIONALE.

1783. France, lui avait objecté comme certain que « le parti de la guerre « commençait à prévaloir », et autorisait son dire « d'une lettre *d'un « des ministres* »; le plénipotentiaire indiquait suffisamment le nom par cette parenthèse « (M. de C...) » désignant clairement le ministre de la Marine. Le monde politique de Londres, en effet, fut persuadé alors qu'un ultimatum emportant renouvellement de la guerre venait d'être résolu en conseil du roi à Versailles, le 24 décembre, après un débat aigu. Ç'a été au point que le propre gendre de lord Shelburne, lord Fitzmaurice, tient l'information pour sérieuse, dans la biographie de ce dernier[1].

Vergennes entretenait plusieurs agents à Londres. Leurs rapports sont dans nos archives, la plupart nullement renseignés et inutilement coûteux. L'un pourtant, de Favier, anciennement déjà chargé de mandats pareils, est du moins sérieux. Il corroborait pleinement ce qu'expliquait Rayneval quant aux impressions actuelles et aux dangers qu'elles présentaient. Aussi, immédiatement et malgré beaucoup d'opposition, le ministre décida-t-il le roi. Sans perdre un instant, « tout en n'osant pas se flatter, mandait-il, de ne point voir surgir « quelque difficulté nouvelle », et raisonnant sommairement à leur encontre, il écrit de sa main à Rayneval : « Le roi accepte Tabago « contre la Dominique et un chétif arrondissement autour de Pondi- « chéri et de Karikal[2]. » Il était maintenant trop averti pour s'en fier à l'assentiment verbal du souverain dans un si grand engagement: sa minute porte le formel *approuvé* du roi. La dépêche partie, il avait à retourner à Londres les préliminaires, fixés ainsi définitivement; c'est l'objet d'un autre pli où, privément encore, il donne à Rayneval les détails qui ont caractérisé cette résolution enfin positive[3]. Par-dessus tout préoccupé d'avoir satisfaction pour les alliés de la France, la

[1] C'était sans doute quelque commérage relaté par Oswald d'après les Américains à Paris, ou bien venant de Vaughan. Au sujet de ce dernier, lord Fitzmaurice cite (t. III, p. 321) une appréciation d'Oswald qui, pourtant, ne pouvait laisser au personnage aucun crédit.

[2] *Angleterre*, t. 540, n° 23, 24.

[3] *Ibid.*, n° 45, 10 janvier 1783.

cession de Trinquemalé à la Hollande avait été sa raison détermi- 1783.
nante. C'était sur cette cession que, dans le Conseil de Saint-James, les oppositions avaient le plus attaqué lord Grantham; en retour, c'était à défaut de quoi le ministre s'était retenu de céder. Jusqu'à ce que Fitz-Herbert affirmât que la cession était certaine, M. de Vergennes n'en avait pas argué auprès du roi; mais cela fait, il s'était résolu. « Je suis fâché que lord Grantham ait essuyé pour cela un orage, « écrit-il; mais, bien assuré que c'était une proposition, j'ai provoqué « la décision du roi, et ce n'est pas sans essuyer moi-même des orages « que je l'ai obtenue telle que je vous l'ai transmise. » Il expliquait en outre comment tout était arrivé à point. Quant à l'Espagne, pour peu que l'hésitation eût duré, « tout était rompu »; il en avait eu des « angoisses », et de « très grandes ». Il tenait cette puissance pour « con« tente », il pensait d'ailleurs qu'à tout prendre elle avait lieu de l'être. En même temps, il ne pensait pas moins à l'autre puissance, si indécise, qu'il avait liée à nous. Son pli commençait ainsi : « Le roi ac« cepte Tabago contre la Dominique; si les ministres anglais veulent « nous donner un peu plus, priez-les de reporter ces dispositions en « faveur des Hollandais. » Il finissait en rappelant le peu que nous avions prétendu dans l'Inde, et en toute raison il tirait de cette modestie d'exigences la preuve de notre sincérité pour la paix : « Je ne « puis m'empêcher de vous répéter que les modiques établissements « dont nous nous contentons dans cette partie du monde ne laissent « pas lieu à la plus légère défiance que la France ait d'autre vue que « celle d'y faire son commerce le mieux qu'elle pourra. » Mais le souci le poursuivait d'avoir, pour Leurs Hautes Puissances, si peu promptes, des garanties certaines qu'elles ne se verraient pas sacrifiées, conséquemment qu'elles ne feraient pas manquer la signature définitive. Encore le 14 janvier, où à Londres c'était accordé, conférant sur cela avec Fitz-Herbert, il lui disait : « Votre rigorisme à l'égard des Hol« landais me cause la plus grande peine; il serait bien malheureux « que, si près du port, l'accès nous en fût fermé par un écueil facile à

1783. « éviter ». Et le lendemain il transmettait à Rayneval, de nouveau sous l'*approuvé* du roi, l'exposé de cette conférence, dans laquelle il avait précisé une fois de plus ce qu'il attendait des ministres de Londres[1].

A cette heure, toutefois, les Préliminaires étaient définitivement acquis. Les ministres anglais savaient à quoi s'en tenir : on écoutait tellement aux portes à Versailles, outre qu'il y avait des langues ou des plumes intentionnellement indiscrètes. Rayneval recevait, à quatre heures du matin, le courrier qui lui apportait l'avis de l'acceptation du roi, tandis que la veille au soir on était venu lui lire une lettre d'un Anglais de Paris, écrite le 6, apportée à Londres par exprès et qui annonçait le fait; elle annonçait aussi, il est vrai, que le débat continuait sur des détails qui n'y avaient nullement figuré[2]. Dans l'esprit des lords Shelburne et Grantham, rien ne subsistait plus des soupçons précédents. Grâce aux explications des lettres privées de M. de Vergennes, Rayneval avait éteint tous les doutes. « Je puis vous dire, mandait-il à cet égard au ministre, que l'ancienne confiance est rétablie « et que l'on se tiendra en garde de ce côté-ci contre les faux rapports. » Dès le 10 janvier, lord Grantham, pensant déjà à la rédaction future du traité, désireux aussi que l'échange des signatures n'amenât pas à George III un autre envoyé français que le plénipotentiaire en qui leurs conférences avaient eu un auxiliaire si efficace, pouvait écrire directement à M. de Vergennes pour lui demander non seulement que fût donné à Rayneval le titre de ministre plénipotentiaire, mais aussi que ce chargé d'affaires, « infiniment agréable au roi, aux mi« nistres et à lui », fût à ce titre maintenu à Londres; il terminait sa lettre ainsi : « Félicitons-nous mutuellement, M. le Comte, sur l'ac« complissement du grand objet qui va occuper nos souverains et « nous-mêmes. Le temps ne permet pas, dans ces moments précieux, « que j'aie l'honneur comme je voudrais de vous marquer toute l'éten« due de ma satisfaction. »

[1] *Angleterre*, t. 540, n° 63, 15 janvier. — [2] *Ibid.*, n° 100.

A Versailles, du reste, on dressait les pouvoirs nécessaires pour 1783.
cette signature finale. Louis XVI en revêtait expressément son ministre. Il récompensait Rayneval de ses services par cette qualité de ministre plénipotentiaire auprès du roi d'Angleterre, demandée pour lui de Londres même; en envoyant à son précieux auxiliaire la lettre royale qui en informait George III, Vergennes s'excusait, par un autre pli particulier, qu'un grade plus haut ne lui fût pas donné, mais que c'était le titre auprès du roi du représentant de l'Angleterre, et que d'ailleurs cette qualité, quoique secondaire, ne le ferait certainement pas moins bien venir du roi George que Fitz-Herbert du roi leur monarque. Le lendemain 20 janvier, en retard de plusieurs jours uniquement parce que l'état de la mer n'avait pas permis aux courriers de traverser la Manche, les Préliminaires recevaient à Versailles la signature du ministre, celle du comte d'Aranda et celle de Fitz-Herbert. Le même soir sortait de l'Imprimerie royale, à Paris, le fascicule qui les contenait[1]. Sans différer, le ministre le mandait à Rayneval, sa première phrase correspondant au sentiment exprimé par lord Grantham : « C'est avec la plus douce satisfaction que je vous « fais part des articles préliminaires de paix, signés aujourd'hui avant « midi entre la France, l'Espagne et l'Angleterre[2]. » Manquait la signature des Provinces-Unies, inaptes à se résoudre à temps. Mais le ministre du roi leur en avait réservé les avantages immédiats et ménagé formellement l'accession ultérieure. Le plénipotentiaire anglais s'y était du reste plié; la dépêche porte tout d'abord : « M. Fitz-Her-« bert nous a remis à M. le comte d'Aranda et à moi une déclaration « qui comprend les Provinces-Unies dans l'armistice, nos cours s'en-« gageant à procurer l'acceptation des États généraux. »

Les événements ne vont pas tarder à jeter l'incertitude en travers

[1] ARTICLES PRÉLIMINAIRES DE LA PAIX ENTRE LE ROI ET LA GRANDE-BRETAGNE, SIGNÉS À VERSAILLES LE 20 JANVIER 1783; 18 pages in-8°. — On en trouvera le texte à l'annexe du présent chapitre.

[2] Versailles, le 20 janvier.

1783. de cet aboutissement heureux. En attendant, les éléments conspiraient contre les promoteurs d'une paix qu'ils croyaient sincèrement marquer l'aurore d'une ère européenne à faire époque. C'est le 23 janvier seulement que les courriers de Versailles du 20 purent débarquer en Angleterre. Ils n'apportèrent que le soir, en même temps à Rayneval et à lord Grantham, le dernier acte qu'attendait leur impatience. Rayneval était en grand dîner chez Shelburne; son pli ouvert, il ne prévint que le ministre; mais Grantham entra bientôt, répandant avec la nouvelle une joie unanime. Il venait de voir le roi, qui avait fixé au lendemain même l'audience des lettres de créance du plénipotentiaire; ministres et souverain cédaient à un empressement égal. Déjà, plusieurs jours auparavant, Shelburne avait entretenu le représentant de la France des points importants à discuter pour la rédaction du traité définitif; par l'énumération qu'en donne ce dernier, on voit que c'était bien à des principes et à des aspirations semblables à celles de Versailles qu'obéissait le ministre du roi George. Trois objets seulement, suivant lui : nouveaux principes à établir relativement au commerce, liaisons politiques entre les deux cours, rapports respectifs avec les Américains.

Dans les réceptions royales sanctionnant des accords de paix après la guerre, le langage est tracé d'avance et, à l'ordinaire, à peu près le même. La réception de Rayneval par George III, celle de Fitz-Herbert par le roi de France, portent, elles, le reflet de la pensée de rénovation européenne dont les négociations s'étaient nombre de fois éclairées, et dont s'étaient plu à se réclamer les politiques qui venaient de les mener à fin. Rayneval savait au mieux ce qu'il avait à dire. A cet égard, nul besoin d'instructions n'avait existé pour lui. Dans une longue lettre personnelle remplie de tout autres détails, M. de Vergennes s'était borné à lui écrire : « Vous « savez le langage qu'il conviendra de tenir au roi d'Angleterre de la « part du roi, de même de la mienne pour les lords Shelburne et « Grantham. »

Le rapport du plénipotentiaire en date du 24 janvier[1] relate comme 1783.
il suit, après ce que nous venons d'indiquer, les circonstances de la solennité :

J'ai été introduit dans le cabinet du Roi par M^d Grantham qui est resté en tiers. J'ai fait le discours dont je joins ici la copie : S. M. Bq̃ue y a répondu d'une manière à me convaincre de la joye franche et sincère qu'elle avoit de voir la paix rétablie : ce prince m'a dit que les principes de justice que S. M^té a développés dans toutes les occasions, la candeur et la droiture qu'il a remarquées dans sa politique, la simplicité et la pureté de ses mœurs et de sa vie privée lui avoient inspiré depuis longtems une grande estime et une véritable amitié pour S. M^té et qu'il voyoit avec bien du plaisir le moment de pouvoir s'expliquer à cet égard; que la manière franche et libérale avec laquelle les négociations ont été suivies ont augmenté et fortifié ses sentiments; qu'il espéroit qu'il s'établira entre S. M^té et lui une cordialité dont le germe étoit autant dans son cœur que dans ses principes; que la France et l'Añgre étoient faites pour être amies; que leur union convenoit parfaitement à leurs intérêts bien entendus; qu'elle préviendra la guerre non seulement entre les deux puissances, mais aussi entre les autres souverains de l'Europe; enfin S. M. Bq̃ue m'a dit avec beaucoup d'onction et beaucoup de gaieté, qu'elle ne vouloit plus avoir la guerre avec la France. Ensuite ce prince s'est attaché, Monseigneur, à faire votre éloge; il a beaucoup appuyé sur la conduite franche et loyale que vous avez tenue dans tout le cours de la négociation, et il se flatte que tant que vous serez ministre, il n'y aura ni guerre ni discussion entre la France et l'Añgre. S. M. Bq̃ue a fini son discours par me dire des choses infiniment flatteuses, mais que je me garde bien de répéter. Mon audience a duré près d'une heure; il a beaucoup été question d'intrigues, et cette matière a encore fourni au roi d'Añgre occasion de faire l'éloge de Sa M^té. L'intervention des médiateurs n'a pas été omise; le Roi d'Añgre a montré beaucoup de satisfaction de ce qu'elle n'a pas eu lieu, et ce prince a dit d'une manière très agréable, qu'il avoit toujours pensé qu'il falloit s'adresser directement à la France; qu'il étoit persuadé que c'étoit la voye la plus

[1] *Angleterre*, t. 540, n° 91.

1783. sûre et la plus courte pour parvenir à la paix, et que mon voyage du mois de septembre l'avoit convaincu de la justesse de son opinon et de ses espérances...

Angleterre, t. 540, n° 91.

Le plénipotentiaire avait d'ailleurs joint à son rapport un autre de ces plis, personnels à M. de Vergennes, par lesquels le ministre était rendu en quelque sorte présent à tout ce qui se disait ou s'effectuait touchant cette si grande affaire, et connaissait ainsi exactement tout ce qu'il lui importait de savoir pour se régler à Versailles [1]. « Je vous « félicite bien sincèrement, Monseigneur, écrivait-il dans ce pli in- « time, sur la conclusion de la paix; elle vous fait beaucoup d'hon- « neur dans ce pays-cy, et je crois que vous pouvez la regarder « comme un miracle; je puis vous dire que si le roi d'Angre n'avoit « pas un penchant décidé pour le Roi, et si l'on n'avoit pas ajouté foi « à tout ce que j'ai dit de votre franchise et de votre probité, vous « n'auriez certainement pas fait la paix. Le roi d'Angre m'a dit formel- « lement que, sans mon voyage du mois de septembre, la guerre au- « roit encore continüé longtems, et ce prince m'a remercié avec les « plus vives expressions de l'excursion que j'ai faite à Versailles au « mois de novembre; il a dit qu'il ne l'oublieroit de sa vie. Je ne vous « transmets pas, Monseigneur, tout ce que S. Mté Bque m'a dit du Roi « et de vous, parce que je serois trop long : mais vous pouvez être « assuré qu'en cultivant bien les dispositions où sont ce souverain et « ces ministres, vous ferez de l'excellente besogne dans ce pays-ci. »

Il faudrait n'avoir point vu se dérouler comme ici la correspondance de Rayneval pour supposer que la flatterie ou la jactance, non l'esprit politique, le fissent parler. C'était la vérité qu'il disait là, on s'en convaincra par les sentiments qui s'échangeront désormais entre les ministres venant de coopérer à l'œuvre. Intime qu'il était et

[1] Londres, le 24 janvier. (*Angleterre*, t. 540, n° 91.)

connaissant bien la cour, sachant d'expérience à quel degré M. de 1783.
Vergennes recherchait peu autre chose que la réalité des résultats et en fuyait le faste, il ajoutait : « Je pense, Monseigneur, que vous de- « vrez donner de l'appareil à la paix. Elle le mérite à tous égards; si « vous ne le faites pas, on dira que vous l'avez faite à la sourdine et « que vous craignez pour ainsi dire de la produire au grand jour. » D'autre part, penserait-on que cette grande satisfaction du roi d'Angleterre fût due aux concessions arrachées à la France, et qu'en conséquence ce soit le droit de l'histoire d'en vouloir au ministre de Louis XVI pour y avoir consenti et fait accéder le souverain? Le besoin inéluctable que nous avions de la paix, la persuasion où en était au fond le roi quoique autour de lui on eût l'air de ne trouver politique que le renouvellement de la guerre, sont d'évidence; tout autant les documents anglais rendent indubitable que ce besoin aussi inspirait le cabinet de Londres. Que les ennemis du ministre de Louis XVI, avec eux sans doute ses jaloux, portassent à l'envi le jugement contraire, cela allait de soi. Lui, il en entendait le bruit sans en être troublé. Privément, néanmoins, il en informait Rayneval en lui adressant le compte rendu officiel de l'accueil fait par Louis XVI à Fitz-Herbert, dans l'audience parallèle à celle de notre plénipotentiaire par le roi George. A cet égard, du reste, les ministres anglais étaient maintenant fixés : « J'ai eu une longue conver- « sation avec milord Shelburne à votre sujet, mandait encore Rayne- « val dans cette lettre particulière du 24 janvier. Le ministre m'a dit « qu'il avait la démonstration de la pureté de vos intentions et de vos « vues, et vous pouvez être sûr que sa confiance en vous est entière et « même plus forte que jamais. Ce ministre me paraît bien instruit des « intrigues en France. Pour en découvrir une partie, suivez les liai- « sons de M. Walpole. » Vergennes s'était toujours contenté de la satisfaction à attendre du service rendu. Il se bornait à qualifier d'expressions méritées le personnel de la cour pour qui, pousser au renouvellement de la guerre, n'avait évidemment d'autre but que la

IMPRIMERIE NATIONALE.

1783. recherche d'un levier contre lui. Ce même 24 janvier, tandis que Rayneval lui écrivait, il lui mandait de son côté :

Je n'ai aucune nouvelle de vous, M., depuis votre dépêche du 14. Je n'en suis point surpris, car après nous avoir tout dit vous avez jugé que vous étiés dans le cas d'attendre que nous nous explicassions à notre tour. J'espère que vous n'aurez pas été mécontent de nos dernières expéditions, surtout de celle du 20. Vous n'êtes pas de ceux dont le rétablissement de la paix ronge l'âme. Il y a bien des gens dans ce pays-ci qui éprouvent ce mal, heureusement ce n'est pas le plus grand nombre. Les gens sensés et impartiaux sont très contents de la chose et de la manière. Nos maîtres le sont infiniment. Je souhaite que M. Fitz-Herbert rende un compte détaillé de l'audience que le Roi lui a donnée; Sa Majesté lui a parlé avec une franchise sur ses sentimens personnels pour le roi d'Angleterre et sur son intention d'entretenir la plus parfaite intelligence entre les deux nations qui doit intéresser la satisfaction de S. M[te] Bque. Il a été également fait mention du lord Shelburne et du lord Grantham, et j'ai saisi cette occasion pour rendre justice en présence de M. Fitz-Herbert à la loyauté de leur caractère et à l'honnêteté soutenue de leurs procédés pendant tout le cours de la négociation. C'est le démenti le plus solennel que je pouvois donner aux sots et ridicules propos dont on me fesoit honneur.

Angleterre, t. 540, n° 96.

A la cour, en effet, on n'entendait que dénigrement de la paix. Non seulement la correspondance secrète de l'ambassadeur de Vienne à Versailles le rapporte, mais même sa correspondance d'office. A la vérité, il pensait peut-être se rendre agréable par là à M. de Kaunitz. Ce ministre de l'Empereur s'était beaucoup promis du rôle de médiateur; il éprouvait un tel mécompte de l'avoir manqué, que lord Grantham ne s'était pas retenu de le dire à Rayneval. Mercy-Argenteau voyait aussi s'évanouir l'occasion de consacrer sa propre importance par ce rôle à côté; il en savait probablement mauvais gré à M. de Vergennes, malgré l'attitude attentionnée de ce dernier envers les puissances médiatrices tout en négociant sans elles, ni de ce qu'il ne se départait nullement pour cela de l'intention de les faire figurer en 1783. définitive. Les contempteurs des Préliminaires, à Versailles, arguaient de raisons aussi peu fondées que celles émises à Londres pour la continuation de la guerre. Les adversaires de lord Shelburne s'autorisaient de nouvelles escadres qu'ils disaient prêtes à prendre la mer; contre M. de Vergennes c'était de l'affirmation que l'Angleterre se trouvait dans l'impossibilité de résister désormais aux forces combinées réunies à Cadix. On ajoutait, il est vrai, cet autre grief, d'avoir sacrifié dans l'Inde des postes déjà conquis. M. de Castries l'articula délibérément dans une explication avec Vergennes. Le secrétaire d'État de la Marine ne voyait point, lui, ce que savait trop bien le ministre, c'est-à-dire l'épuisement des finances, l'absence des moyens qu'il aurait fallu leur demander, tandis que Castries, qui avait préparé des escadres, ne mettait pas en doute qu'elles fondraient avec effet sur cette Inde qu'il disait abandonnée. En attendant, la préoccupation et le travail épuisaient M. de Vergennes. La lutte intestine s'y ajoutant, les forces lui faisaient défaut. «Ma santé est véritablement «aux abois», avait-il mandé à Rayneval, le 20, en lui annonçant la signature. Il voulait l'avoir, à côté de lui, «la semaine prochaine». Jusqu'à la désignation par le roi d'un ambassadeur en titre auprès de George III, M. de Moustier irait donc à Londres comme chargé d'affaires; le ministre recommandait le même jour à Rayneval de mettre au courant ce successeur intérimaire avant de quitter.

A Londres, en tout cas, la satisfaction était vraiment générale. Le roi, rapportait Rayneval en répondant le 28, avait appris au théâtre la signature des Préliminaires, comme lui à table chez Shelburne. George III était morose, soucieux; le silence régnait dans sa loge quand lui fut apportée la nouvelle; aussitôt la joie se manifesta et se répandit dans la salle. La retraite de Keppel et de Richmond ne troublait pas le ministère. L'amiral Howe prendrait probablement la place du premier; le second avait fait preuve «de singularité, d'inconséquence ou de légèreté»; son départ n'affectait nullement, et les

1783. autres ministres qui avaient paru hésiter semblaient rassis. Les conversations qu'avait Rayneval près de partir, les attentions dont il était l'objet, les politesses faites à son jeune attaché le vicomte de Vergennes, ne laissaient que présages parfaits. Le roi, à qui il avait pu présenter ce dernier, s'était exprimé de nouveau dans les termes d'une sincérité visible. Le plénipotentiaire mandait, se plaisant à ces détails[1] : « Que les clabaudeurs viennent encore dire que les ministres « anglais vous ont duppé, qu'ils ne voulaient point la paix! Je le répète, « Monseigneur, et je le répéterai toute ma vie, cette paix est un mi« racle. Deux nations grandes, fières, rivales par principe comme par « habitude, faisant la paix sans qu'aucune d'elles soit forcée de la « demander est une chose sans exemple. » Il a dit au roi d'Angleterre que c'était « un acte d'humanité et de bienfaisance, faisant plus d'honneur que des conquêtes », et l'idée « a beaucoup plu au roi, lui a « donné lieu de se répandre en éloges sur le caractère du Roi, sur la « confiance qu'il est porté à lui marquer et sur la cordialité qu'il es« père qui s'établira entre les deux cours ». Nous avons eu, a ajouté le prince, « nous avons eu un premier partage de la Pologne, il n'en faut « pas un second. Le prince fait le plus grand cas de vous, Monsei« gneur : c'est, m'a-t-il dit plusieurs fois, c'est un travailleur, c'est un « ministre qui sait son métier, c'est un honnête homme ». Lord Shelburne, lui, n'était pas seulement pénétré plus encore de considération politique pour M. de Vergennes, mais à vrai dire, en outre, de sympathie intime. La correspondance privée du ministre de Versailles avec Rayneval, en révélant les sentiments de fond qui chez lui présidaient aux négociations, avait fait disparaître toutes les suggestions précédentes de doute ou de défiance. Aussitôt la signature devenue certaine, il avait remis au plénipotentiaire, pour être envoyée par son courrier, de sa main et en notre langue sauf deux abréviations anglaises dans la salutation, une lettre bien faite

[1] 28 et 30 janvier. (*Angleterre*, t. 540, n°s 110 et 113.)

pour toucher M. de Vergennes aux cordes surtout qui vibraient chez lui[1] : 1783.

Londres, 24 j[er] 1783.

Monsieur le Comte,

Le jour qui paraît si beau aux yeux de Votre Excellence ne revient pas moins précieux aux miens et pour les mêmes raisons. Je désire ardemment d'entrechanger avec V. E. les sentiments sincères de respect et de vénération dont elle a bien voulu honorer la franchise et la droiture que j'ai cherché de faire voir pendant tout le cours de la négociation. Dès le commencem nt de ces procédés je n'ai jamais voulu écouter les absurdités avec lesquelles on a cherché à m'étouffer à l'égard de V. E., et l'événement dont nous nous félicitons aujourd'hui m'est d'autant plus agréable qu'il me sert de justification à moi-même et à tout le monde sur les idées exactes que j'avais d'abord formées de sa probité et de sa droiture. L'esprit libéral et la bonne foi qui jusqu'ici ont dominé ne laissent point à craindre j'espère pour la suite,. . . . .

J'ai l'honneur d'être avec la plus haute considération et un très parfait attachement Monsr le Comte de Votre Excellence le très humble et très overf[ly] serv.

Shelburne.

Le ministre de Louis XVI fut en effet conquis désormais à cet Anglais, parlant un langage que ses prédécesseurs avaient déshabitué depuis longtemps Versailles d'entendre tenir aux représentants de la France. Il sentait chez lord Shelburne ce qu'il avait en lui-même, les notions morales que le travail intellectuel du siècle avait amené les esprits de leur ordre à porter dans la politique. La dépêche par laquelle, le 1er février, il accusait réception des détails qu'avait transmis Rayneval sur son audience par George III, est marquée du même caractère que cette lettre du ministre de Londres. Il ne s'y bornait pas à exprimer « la confiance et le plaisir du roi » en recevant

[1] *Angleterre*, t. 541, n° 30.

1783. l'assurance des sentiments manifestés à son égard par le roi d'Angleterre, à dire que « ces sentiments répondaient aux siens, que de « cette réciprocité ainsi que de cette conformité de leurs intentions et de leurs dispositions naîtrait entre les deux souverains une intelligence assez parfaite pour faire le gage d'une paix durable et pour assurer sûr des fondements solides la paix générale de l'Europe ». L'élévation, toujours de source sous sa plume quand il abordait le terrain des relations internationales à concevoir, des données à poursuivre en vue du bien général, se retrouve là. Il traçait le cadre d'un avenir tel, que même les fils de la Révolution française peuvent regretter que les événements aient empêché de le remplir, privant l'histoire d'avoir à en retracer le développement. « Le vœu du roi », écrivait-il au sujet de cet augure de paix et de communion européenne :

Le vœu du roi est uniquement dirigé vers ce but, et vous voudrez bien ne pas quitter l'Angleterre sans assurer le ministre britannique qu'il nous trouvera toujours très empressés à aller au-devant de tout ce qui pourrait réveiller les anciennes jalousies. Je suis un trop faible instrument pour me compter au milieu d'aussi grands intérêts, mais autant que mon influence pourra servir elle sera constamment dirigée au but de la conciliation. C'est un vieux préjugé que je ne partage pas, qu'il existe des incompatibilités naturelles entre nos nations; j'y ai souvent réfléchi, et je n'en ai jamais compris ni le principe ni la fin. Toute nation doit tendre nécessairement vers sa plus grande prospérité, mais cette prospérité ne saurait être exclusive, car elle deviendrait bientôt nulle. On ne s'enrichit pas avec des nations absolument pauvres; il faut être riche pour se procurer des jouissances. Le champ de l'industrie est d'ailleurs si vaste, qu'il y a à moissonner pour tout le monde.

Ce bref exposé de ma façon de penser vous donne la clef des principes que je souhaite de voir adoptés et suivis dans la négociation relative au commerce entre la France et l'Angleterre lorsqu'elle s'établira; ils sont déjà consacrés dans nos arrangements faits avec l'Amérique septentrionale. En posant cette base je n'entends pas exclure les restrictions qu'une nation croit devoir admettre pour favoriser sa propre industrie. Nous ne demanderons pas à l'Angleterre de suspendre son acte de navigation ou tel autre règlement qu'elle pourrait faire pour son bonheur intérieur; mais elle devrait, ce semble, établir une loi commune sous le bénéfice de laquelle chaque nation serait admise. 1783.

Je désirerais bien, Monsieur, que ces pensées rapides prévenant votre départ d'Angleterre, vous pussiez les exposer et les discuter avec les ministres britanniques. Le jugement qu'ils en porteraient nous faciliterait le choix des moyens pour la perfection de l'ouvrage dont il reste à nous occuper. Il me serait également intéressant de connaître leurs vues et leurs idées relativement au système politique à former. Vous connaissez les nôtres, et vous pouvez affirmer que nous n'en avons pas une qui ne tende à la félicité universelle.

Angleterre, t. 540, n° 122.

M. de Vergennes avait terminé par ces deux lignes sa lettre personnelle annonçant que les Articles préliminaires venaient d'être signés : « . . . . . Enfin nous allons respirer à l'ombre de la paix; « occupons-nous de la rendre solide; puisse le nom de guerre être à « jamais oublié ! » Ce n'était pas encore qu'il pourrait définitivement se reposer à cette ombre heureuse.

ANNEXE DU CHAPITRE VIII.

ARTICLES PRÉLIMINAIRES DE PAIX ENTRE LE ROI ET LE ROI DE LA GRANDE-BRETAGNE, SIGNÉS À VERSAILLES LE 20 JANVIER 1783.

Au nom de la Très Sainte Trinité.

Le Roi Très Chrétien et le Roi de la Grande-Bretagne, animés d'un désir égal de faire cesser les calamités d'une guerre destructive, et de rétablir entre eux l'union et la bonne intelligence, aussi nécessaires pour le bien de l'humanité en général que pour celui de leur royaume, États et sujets respectifs, ont nommé à cet effet : savoir, de la part de Sa Majesté Très Chrétienne, le sieur Charles Gravier, comte de Vergennes, conseiller en tous ses conseils, commandeur de ses ordres, conseiller d'État d'épée, ministre et secrétaire d'État et des commandements et finances de Sadite Majesté, ayant le département des Affaires étrangères; et, de la part de Sa Majesté Britannique, le sieur Alleyne Fitz-Herbert, ministre plénipotentiaire de Sadite Majesté le Roi de la Grande-Bretagne ;

Lesquels, après s'être dûment communiqué leurs pleins pouvoirs en bonne et due forme, sont convenus des articles préliminaires suivants :

ARTICLE PREMIER.

Aussitôt que les préliminaires seront signés et ratifiés, l'amitié sincère sera rétablie entre Sa Majesté Très Chrétienne et Sa Majesté Britannique, leurs royaumes, États et sujets, par mer et par terre, dans toutes les parties du Monde; il sera envoyé des ordres aux armées et escadres ainsi qu'aux sujets des deux puissances de cesser toute hostilité et de vivre dans la plus parfaite union en oubliant le passé, dont leurs souverains leur donnent l'ordre et l'exemple; et, pour l'exécution de cet article, il sera donné de part et d'autre des passeports de mer aux vaisseaux qui seront expédiés pour en porter la nouvelle dans les possessions desdites puissances.

II

Sa Majesté le Roi de la Grande-Bretagne conservera la propriété de l'île de Terre-Neuve et des îles adjacentes, ainsi que le tout a été cédé par l'article XIII du traité d'Utrecht, sauf les exceptions qui seront stipulées.

III

Sa Majesté le Roi de France, pour prévenir les querelles qui ont eu lieu jusqu'à présent entre les deux nations française et anglaise, renonce au droit de pêche qui lui appartient en vertu du même article du traité d'Utrecht, depuis le cap Bonavista jusqu'au cap Saint-Jean, situé sur la côte orientale de Terre-Neuve par les 50 degrés de latitude Nord; au moyen de quoi la pêche française commencera audit cap Saint-Jean, passera par le Nord et, descendant par la côte occidentale de l'île de Terre-Neuve, aura pour limite l'endroit appelé Cap-Raye, situé au quarante-septième degré cinquante minutes de latitude.

IV

Les pêcheurs français jouiront de la pêche qui leur est assignée par l'article précédent, comme ils ont droit d'en jouir en vertu du traité d'Utrecht.

V

Sa Majesté Britannique cédera en toute propriété à Sa Majesté Très Chrétienne les îles de Saint-Pierre et Miquelon.

VI

A l'égard du droit de pêche dans le golfe de Saint-Laurent, les Français continueront à en jouir conformément à l'article V du traité de Paris.

VII

Le Roi de la Grande-Bretagne restituera à la France l'île de Sainte-Lucie et lui cédera et lui garantira celle de Tabago.

IMPRIMERIE NATIONALE.

VIII

Le Roi Très Chrétien restituera à la Grande-Bretagne les îles de la Grenade et les Grenadins, Saint-Vincent, la Dominique, Saint-Christophe, Névis et Montferrat; les places de ces îles conquises par les armes de la France et par celles de la Grande-Bretagne seront rendues dans le même état où elles étaient quand la conquête en a été faite : bien entendu qu'un terme de dix-huit mois, à compter de la ratification du traité définitif, sera accordé aux sujets respectifs des Couronnes de France et de la Grande-Bretagne qui se seraient établis dans lesdites îles et autres endroits qui seront restitués par le traité définitif, pour vendre leurs biens, recouvrer leurs dettes et remporter leurs effets et se retirer eux-mêmes, sans être gênés à cause de leur religion ou pour quelque autre que ce puisse être, excepté pour les cas de dettes ou de procès criminels.

IX

Le Roi de la Grande-Bretagne cédera et garantira en toute propriété à Sa Majesté Très Chrétienne la rivière du Sénégal et ses dépendances, avec les forts de Saint-Louis, Podor, Gabar, Arguin et Portendick. Sa Majesté Britannique restituera aussi l'île de Gorée, laquelle sera rendue dans l'état où elle se trouvait lorsque les armes britanniques s'en sont emparées.

X

Le Roi Très Chrétien garantira de son côté à Sa Majesté le Roi de la Grande-Bretagne la possession du fort James et la rivière de la Gambie.

XI

Pour prévenir toute difficulté dans cette partie du Monde, les deux Cours conviendront, soit par le traité définitif, soit par un acte séparé, des limites à fixer à leurs possessions respectives. Le commerce de la gomme se fera, à l'avenir, comme les nations française et anglaise le faisaient avant l'année 1755.

XII

Pour ce qui est du reste de l'Afrique, les sujets des deux puissances continueront à les fréquenter selon l'usage qui a eu lieu jusqu'à présent.

XIII

Le Roi de la Grande-Bretagne restituera à Sa Majesté Très Chrétienne tous les établissements qui lui appartenaient, au commencement de la guerre présente, sur la côte d'Orixa et dans le Bengale, avec la liberté d'entourer Chandernagor d'un fossé pour l'écoulement des eaux; et Sa Majesté Britannique s'engage à prendre les mesures qui seront en son pouvoir pour assurer aux sujets de la France, dans cette partie de l'Inde comme sur les côtes d'Orixa, de Coromandel et de Malabar, un commerce sûr, libre et indépendant, tel que le faisait l'ancienne Compagnie française des Indes orientales, soit qu'ils le fassent individuellement ou en corps de compagnie.

XIV

Pondichéry sera également rendu et garanti à la France, de même que Karikal; Sa Majesté Britannique procurera, pour servir d'arrondissement à Pondichéry, les deux districts de Valanour et de Bahour, et à Karikal les quatre Magans qui l'avoisinent.

XV

La France rentrera en possession de Mahé, ainsi que de son comptoir à Surate, et les Français feront le commerce dans cette partie de l'Inde, conformément aux principes établis dans l'article XIII de ce traité.

XVI

Dans le cas que la France ait des alliés dans l'Inde, ils seront invités ainsi que ceux de la Grande-Bretagne à accéder à la présente pacification; et, à cet effet, il leur sera accordé, à compter du jour que la proposition leur en sera faite, un terme de quatre mois pour se décider; et, en cas de refus de leur part, Leurs Majestés Très Chrétienne et Britannique conviennent de ne leur donner aucune assistance directe ou indirecte contre les possessions françaises ou britanniques ou contre les anciennes possessions de leurs alliés respectifs; et lesdites Majestés leur offriront leurs bons offices pour un accommodement entre eux.

XVII

Le Roi de la Grande-Bretagne voulant donner à Sa Majesté Très Chrétienne une preuve sincère de réconciliation et d'amitié et contribuer à rendre solide la paix prête à être rétablie, consentira à l'abrogation et suppression de tous les articles relatifs à Dunkerque, à compter du traité de paix à Utrecht, en 1713, inclusivement jusqu'à ce jour.

XVIII

On renouvellera et on confirmera par le traité définitif tous ceux qui ont subsisté jusqu'à présent entre les deux Hautes Parties contractantes, et auxquels il n'aura pas été dérogé soit par ledit traité, soit par le présent traité préliminaire; et les deux Cours nommeront des commissaires pour travailler sur l'état du commerce entre les deux nations, afin de convenir de nouveaux arrangements de commerce sur le fondement de la réciprocité et de la convenance mutuelle. Lesdites deux Cours fixeront amiablement entre elles un terme compétent pour la durée de ce travail.

XIX

Tous les pays et territoires qui pourraient avoir été conquis ou qui pourraient l'être, dans quelque partie du Monde que ce soit, par les armes de Sa Majesté Très Chrétienne ou par celles de Sa Majesté Britannique, et qui ne sont pas compris dans les présents articles, seront rendus sans difficulté et sans exiger de compensation.

XX

Comme il est nécessaire d'assigner une époque fixe pour les restitutions et évacuations à faire par chacune des Hautes Parties contractantes, il est convenu que le Roi de la Grande-Bretagne fera évacuer les îles Saint-Pierre et Miquelon trois mois après la ratification du traité définitif, ou plus tôt si faire se peut; Sainte-Lucie aux Antilles et Gorée en Afrique, trois mois après la ratification du traité définitif, ou plus tôt si faire se peut.

Le Roi de la Grande-Bretagne rentrera également en possession, au bout de trois mois après la ratification du traité définitif, ou plus tôt si faire se peut, des îles de la Grenade, les Grenadins, Saint-Vincent, la Dominique, Saint-Christophe, Névis et Montferrat.

La France sera mise en possession des villes et comptoirs qui lui sont restitués aux Indes orientales et des territoires qui lui sont procurés pour servir d'arrondissement à Pondichéry et à Karikal, six mois après la ratification du traité définitif, ou plus tôt si faire se peut.

La France remettra, au bout du même terme de six mois, les villes et territoires dont ses armes se seraient emparées sur les Anglais ou sur leurs alliés dans les Indes orientales; en conséquence de quoi, les ordres nécessaires seront envoyés par chacune des Hautes Parties contractantes, avec des passeports réciproques pour les vaisseaux qui les porteront immédiatement après la ratification du traité définitif.

XXI

Les prisonniers faits respectivement par les armes de Sa Majesté Très Chrétienne et de Sa Majesté Britannique, par terre et par mer, seront, d'abord après la ratification du traité définitif, réciproquement et de bonne foi rendus sans rançon et en payant les dettes qu'ils auront contractées dans leur captivité, et chaque Couronne soldera respectivement les avances qui auront été faites pour la subsistance et l'entretien de ses prisonniers, par le souverain du pays où ils auront été détenus, conformément aux reçus et aux états constatés et autres titres authentiques qui seront fournis de part et d'autre.

XXII

Pour prévenir tous les sujets de plainte et de contestation qui pourraient naître à l'occasion des prises qui pourraient être faites en mer depuis la signature de ces articles préliminaires, on est convenu réciproquement que les vaisseaux et effets qui pourraient être pris dans la Manche et dans les mers du Nord après l'espace de douze jours, à compter depuis la ratification des présents articles préliminaires, seront de part et d'autre restitués; que le terme sera d'un mois depuis la Manche et les mers du Nord jusqu'aux îles Canaries inclusivement, soit dans l'Océan, soit dans la Méditerranée; de deux mois depuis lesdites îles Canaries jusqu'à la ligne équatoriale ou l'équateur; et enfin de cinq mois dans tous les autres endroits du Monde, sans aucune exception ni autre distinction plus particulière de temps et de lieux.

XXIII

Les ratifications des présents articles préliminaires seront expédiées en bonne et due forme et échangées dans l'espace d'un mois, ou plus tôt si faire se peut, à compter du jour de la signature des présents articles.

En foi de quoi, nous soussignés, Ministres plénipotentiaires de Sa Majesté Très Chrétienne et de Sa Majesté Britannique, en vertu de nos pleins pouvoirs respectifs, avons signé les présents articles préliminaires et y avons apposé le cachet de nos armes.

Fait à Versailles, le vingtième jour de janvier mil sept cent quatre-vingt-trois.

GRAVIER DE VERGENNES. ALLEINE FITZ-HERBERT.

Angleterre, t. 540, n° 85.

CHAPITRE IX.

TIRAILLEMENTS ET CONCLUSION DE LA PAIX.

FOX DANS LE NOUVEAU CABINET ANGLAIS.

Danger d'une coalition de Fox et de lord North dans le Parlement. — Rayneval rappelé par M. de Vergennes; annonce de l'envoi du comte de Moustier à sa place pour chargé d'affaires, en attendant le comte d'Adhémar comme ambassadeur. — Lettre de lord Grantham à Vergennes. — Renversement du ministère Shelburne; opinion de Versailles; instructions à Moustier; lord North et Fox ministres ensemble. — Fox aux affaires étrangères d'Angleterre; décousu de ses entretiens avec Moustier, ses objections; il lui annonce l'envoi du duc de Manchester comme ambassadeur à Versailles. — Accueil empressé que trouve le comte d'Adhémar en arrivant; grandes dames et gentilshommes de la cour de France à Londres. — Antécédents et caractère de l'ambassadeur; il est reçu d'abord par lord Shelburne; lettres de ce dernier et de Grantham à Vergennes. — Impression que Fox fait sur d'Adhémar; renseignements de ce dernier. — Langage du ministre anglais analogue à celui qu'il tenait à Moustier; réponses qu'on y fait de Versailles; différence entre ce que nous recherchions et ce qu'il poursuivait; affectueux et utiles conseils donnés par lord Shelburne à l'ambassadeur. — Fox exprime le désir d'en finir et pourquoi; confidences accidentelles de lord North à d'Adhémar révélant le peu de solidité de l'alliance entre les deux ministres; conversation de George III qui montre combien est véritable le désir du rapprochement des deux pays. — Nouvelle obstination de Fox causée par l'éventualité de la guerre entre la Russie et le Sultan; Vergennes sérieusement inquiété; il se contente d'à peu près ou de déclarations de l'Angleterre quant aux clauses du traité et offre même de faire acheter par les Hollandais ce que Fox ne veut pas leur céder; mutisme néanmoins de ce dernier et propension probable pour les Russes. — Appréciations d'Adhémar sur les raisons existant en Angleterre de reprendre la guerre, sur Fox et ses dispositions à cet égard, sur le fond à faire en conséquence quant à la volonté de George III. — Vergennes d'accord avec l'ambassadeur d'Angleterre à Versailles; dernières objections de Fox; déclaration qu'il ne saurait agir à Pétersbourg; désir qu'il a maintenant de terminer; efforts de Vergennes pour obtenir qu'on attende les Hollandais; réserve faite en conséquence pour ces derniers. — Le traité de paix; sa signature; peu d'éclat qu'y cherche le ministre; affaire de bourse que Fox essaye d'en faire à Londres; pronostic tiré à Versailles sur les relations futures avec ce dernier.

Si les ministres de George III avec qui venaient d'être traversées les péripéties du premier acte étaient restés les acteurs du second, quelques semaines de conférences à Versailles, coupées de correspondance avec Londres, auraient suffi pour apporter dans le texte 1783.

1783. des Préliminaires, outre la forme consacrée des traités, la précision nécessaire à des clauses devant rester définitives et être sanctionnées solennellement. Mais ces ministres, le roi lui-même, dépendaient du Parlement; leur permettrait-il d'achever l'entreprise? Malgré l'acuité des dissidences creusées dans le cabinet, lord Shelburne se croyait en situation d'aborder sans danger la discussion publique. Il avait la persuasion, et il en donnait l'assurance à Rayneval, d'être allégé, non affaibli, par la sortie des lords Keppel et Richmond, et que l'on n'en marcherait qu'avec «plus d'ensemble et de solidité[1]». Déjà il avait arrêté, et fait annoncer par Grantham à notre plénipotentiaire, que le roi nommait ambassadeur à Versailles lord Cammarthen; c'était un ami commun des deux ministres, par eux jugé le plus apte à porter à la cour de France leur inspiration politique.

Le danger résidait en ce que, devant la surexcitation de l'amour-propre anglais, celle en outre de gros intérêts privés existants dans la guerre et que sa cessation allait atteindre, une coalition se formât entre adversaires de la veille; des adversaires pour qui, successivement, l'élévation de lord Shelburne avait été une de ces défaites que les hommes politiques se pardonnent le moins. C'étaient lord North d'une part et Fox de l'autre. Lord North, qui avait vu sa trop longue administration condamnée sous l'impulsion des *whigs* dont Shelburne était la personnification parlementaire; Fox, en désaccord par différence de point de vue et par vanité dans le cabinet Rockingham et, à cause de cela, laissé dehors irrité lors de la formation du cabinet d'à présent. Toutefois c'était surtout sous l'éloquence véhémente et infatigable de ce dernier que les *tories* et lord North avaient succombé; et comme son inconsistance ne faisait doute chez personne, Shelburne pensait qu'ils ne s'associeraient jamais l'un l'autre.

Le contraire de cette prévision s'était produit quand le remplaçant de Rayneval arriva à Londres. Les deux anciens adversaires que l'on

[1] Lettre de Rayneval, du 30 janvier. (*Angleterre*, t. 541, n° 113.)

n'imaginait pas pouvoir dorénavant marcher ensemble s'étaient 1783. réunis, et en celui qui avait été le plus effectif agent du renversement de l'autre on voyait maintenant le meneur. M. de Moustier ne devait tenir que très temporairement le rôle de chargé d'affaires, juste le temps nécessaire à la cour pour décider Louis XVI dans le choix d'un ambassadeur. L'époque était loin où soit M. de Maurepas soit Vergennes faisaient désigner par le roi, pour agents de la politique qu'ils voulaient suivre, Gérard, Montmorin, La Luzerne, La Vauguyon, auxiliaires connus d'eux. On était revenu aux influences analogues à celles qui soutenaient autrefois le comte de Guines, et M. de Vergennes ne voyait plus d'utilité à ne pas laisser le monarque les satisfaire. Les souvenirs de voisinage à Madrid faisaient désirer par lord Grantham d'avoir Montmorin à Londres, de sorte que, dans sa lettre privée du 24 janvier, Rayneval indiquait l'opportunité que celui-ci fût nommé. Mais une dépêche de Versailles lui annonçait, le 1er février, que l'ambassadeur serait le comte d'Adhémar; Vergennes se bornait à en dire : « Vous connaissez son talent, ses qualités aimables »; il pensait peut-être que c'était l'unique titre de l'élu. En attendant, le comte de Moustier partait en intérim, quoique Rayneval eût écrit qu'il « ne serait pas du goût de lord Shelburne, celui-ci n'aimant à traiter d'affaires qu'avec des grands seigneurs, des personnes graves ou avec ce qu'on appelle les gens de la chose, et restant inaccessible pour ce qui est intermédiaire », de sorte que l'intérimaire serait renvoyé purement et simplement à milord Grantham, « ce qui n'avancerait guère ».

Arrivé à Londres le 2 février, Moustier était présenté aux lords Shelburne et Grantham par Rayneval. Ce dernier, toutefois, ne l'avait pas attendu pour pousser les affaires qui allaient importer. Le 6, près de quitter et écrivant néanmoins au ministre, il lui mandait avoir rédigé et soumis à lord Grantham un projet de traité définitif dont le ministre anglais n'avait récusé aucun point. « Il m'a dit qu'il n'y trouvait rien à changer, qu'il allait le mettre sous les yeux du Conseil et qu'il transmettrait ensuite à M. Fitz-Herbert l'ordre d'en

IMPRIMERIE NATIONALE.

1783. conférer avec vous. » Rapportant d'ailleurs les bruits qui couraient, il donnait à prévoir que « les débats sur la paix seraient très vifs et que l'on attaquerait principalement les conditions excessivement avantageuses accordées aux Américains ». Ce détail l'avait sans doute amené à causer rétrospectivement du sujet avec le lord, car il relatait cette confession de celui-ci, tardive malheureusement, mais qui expliquait les incertitudes et les suspicions sous l'empire desquelles le cabinet de Londres s'était saisi, comme d'une pierre d'achoppement quant à Gibraltar, des avantages qui avaient surgi : « Milord Grantham a « bien du regret de ne s'être pas livré à nous avec une entière confiance « lorsque l'on a traité avec eux. Il est persuadé que les conditions qui « leur ont été accordées auraient été mieux digérées. Il est certain qu'il « est difficile de concevoir le motif pourquoi on les a traités avec une « générosité à laquelle il est probable qu'ils ne s'attendaient pas eux-« mêmes. » En tout cas, le lord ne se sentait pas moins rempli que le chef du cabinet d'estime et de respect pour M. de Vergennes. Il les éprouvait déjà étant à Madrid, le sentiment n'en était chez lui que plus vif à présent. Rayneval s'embarquant, il lui remettait lui aussi une lettre pour le ministre du roi. La voici textuelle[1], de sa main et dans notre langue comme celle de lord Shelburne; M. de Vergennes y trouverait un témoignage de plus du prix qu'avait l'œuvre accomplie avec eux.

Whitehal : ce 9 février 1783.

Monsieur le Comte,

Je ne laisse pas partir M. de Rayneval, ni le fils de Votre Excellence, sans renouveller par leurs mains les sentimens que j'ai eu l'honneur d'annoncer à Votre Excellence sur leur arrivée chez nous.

Je veux bien croire qu'ils ne retourneront pas mécontents de nous, et que Votre Excellence, si jamais elle peut leur permettre un autre voyage, nous donnera de nouvelles occasions de les accueillir comme ils méritent de l'être.

[1] *Angleterre*, t. 541, n° 147.

Je ne parle pas seulement de moi-même, mais je ressens de la vraie satisfaction qu'a causée la mission de l'un et la visite de l'autre au Roi, à mes confrères et à notre public. 1783.

M. de Rayneval sera garant de mes principes, de mes vües et de mes intentions de confirmer les vœux de nos Souverains, en rétablissant une correspondance respectable entre des nations qui sauront se réunir.

Les occupations de Votre Excellence la mettent dans le cas de juger que les miennes ne me permettent pas d'abuser des moments précieux de Votre Excellence. La satisfaction qu'elle doit ressentir est le garant de celle que m'inspire la confection de notre grand ouvrage, et je n'ai rien de plus à cœur que mon espérance que l'estime et l'amitié de Votre Excellence puissent égaler les sentimens avec lesquels j'ai l'honneur d'être, Monsieur le Comte, de Votre Excellence le très humble et très obéissant serviteur.

GRANTHAM.

Le 17 février seulement s'ouvrit le débat sur les Articles préliminaires. Était-ce une conséquence naturelle du régime parlementaire tel qu'il se pratiquait en Angleterre, tel qu'il est resté et que nous le regardons comme la condition, presque comme l'essence d'un pays politiquement libre? La reconnaissance publique envers les hommes qui l'ont beaucoup méritée y a été presque aussi absente, que peu durable l'on a vu se produire jamais la gratitude des peuples entre eux, si grands services se soient-ils rendus l'un à l'autre. Faits tenus pour normaux la chute d'un ministère, son remplacement par un autre semblant tout l'opposé. On ne doute point que la vérité ne soit à se régler sur l'impression publique et c'est censé y répondre. Nul compte des rancunes qui agissent, des ambitions qui fomentent. Ce ne sont cependant pas les moindres causes. Nul élément plus maniable que l'impression publique. Les vindicatifs, les audacieux, les habiles savent la mouvoir et opérer par elle, tandis que leur ressentiment à eux ou leurs visées sont la raison véritable. Lord Shelburne, lord Grantham, George III venaient de servir considérablement les

1783. intérêts de l'Angleterre. Une guerre où s'épuisaient ses finances, où son commerce était anéanti, que les armements nouveaux de la France et de l'Espagne rendraient peut-être fatale pour elle, ils l'avaient enfin éteinte. Néanmoins Moustier, témoin certainement exact parce qu'il n'est animé que de l'air ambiant, à vraiment parler, qu'il n'est point sous les préventions favorables enveloppant son prédécesseur, Moustier écrivait à Versailles, le matin du 17 février où le débat devait commencer : « La fermentation est très grande. Les amis de lord « Shelburne font de grands efforts. Il est difficile de préjuger ce qui « arrivera. » Le lendemain, il faisait connaître qu'après l'avoir emporté de 13 voix seulement à la Chambre des lords, le ministère s'était vu en minorité de 16 voix aux Communes. Le 24, il annonçait que le cabinet s'était démis.

Ce ne fut pas avant plusieurs semaines que le roi George consentit à appeler au gouvernement la coalition qui venait de le condamner à la subir. Elle le frappait de ses votes plus encore qu'elle n'atteignait lord Shelburne. Un de ces moments neutres exista où la Couronne se réserve et où, sous l'intérim laissé au ministère tombé, se font et sont défaites successivement des combinaisons afin de surmonter de manière ou d'autre l'événement arrivé. On parlait de dissoudre les Communes pour en appeler à de nouvelles élections. Il fut question d'un cabinet dont prendrait la tête le jeune William Pitt, qui à 23 ans venait de montrer de grandes facultés. A Versailles, on ne fut pas long à manifester son regret d'un fait peu explicable pour le gouvernement du roi. Le 25 était adressée à Moustier une longue dépêche de M. de Vergennes, détaillant l'attitude convenable au chargé d'affaires, par lui supposé sans doute trop nouveau pour ne point se mal engager sans cela. « Le résultat », portait ce pli[1] :

Le résultat..... nous étonnerait si nous ne savions pas par une longue expérience que cette assemblée n'est pour la plupart du temps dirigée que

[1] *Angleterre*, t. 542, n° 35.

par l'esprit de parti et que l'intérêt national n'est qu'un prétexte pour poursuivre et déplacer les ministres. Cette vérité est surtout applicable aux auteurs de la motion qui a prévalu à la Chambre des communes. Ce n'est point la paix qui a excité leur zèle et leur prétendu patriotisme. Leurs déclarations n'ont d'autre but que celui d'éloigner les ministres qui l'ont faite et de se mettre à leur place pour jouir du fruit de leurs travaux. Reste à voir si le calcul de l'opposition est bien exact, ou si le ministère actuel trouvera le moyen de se relever du coup qu'on lui a porté. Nous le désirons d'autant plus sincèrement, que la candeur, la franchise, la persévérance avec lesquelles les lords Shelburne et Grantham ont promu l'ouvrage salutaire de la paix nous ont inspiré la plus grande confiance dans leurs principes et dans leurs vues, et que nous en attendions les effets les plus utiles et les plus désirables pour le bonheur des deux nations. Au reste, M., si ces deux ministres doivent être victimes de leur zèle et de leur patriotisme, vous pourrez les assurer que nos regrets les suivront dans leur retraite, que l'estime que le roi a conçu pour eux est ineffaçable, et que moi en mon particulier je ne cesserai jamais d'être l'apologiste de leur conduite et de professer hautement les sentiments qu'ils m'ont inspirés.

1783.

Dans cette situation, Moustier se tiendrait « sur la plus grande réserve quant à tous les objets ne touchant pas de près à la consommation du grand ouvrage de la paix ». On a vu que l'affaire du commerce entre les deux nations et les autres était le grand point. En sa solution, effectivement, s'inaugureraient où seraient une fois de plus empêchées les vues nouvelles de rapports internationaux qui avaient inspiré les signataires des Préliminaires. Aux yeux de Vergennes, l'affaire impliquait « des discussions auxquelles ni nous ni les ministres anglais ne sauraient se livrer dans ce moment-ci ». Quant à la politique, « elle exige, ajoutait-il, beaucoup de circonspection et, d'ailleurs, du temps; ces ministres ne nous répondraient rien ou leurs réponses seraient illusoires ». Comme en outre il n'avait jamais eu à pratiquer un Parlement, mais bien à regarder librement aux choses en elles-mêmes, il se persuadait que George III voudrait passer le

1783. traité définitif avant de laisser partir son cabinet : « Est-ce que les nouveaux venus pourraient, sans se rendre coupables de l'inconséquence la plus absurde, se charger d'un ouvrage qu'ils ont osé censurer à la face des nations et de toute l'Europe? » Tout cela était juste. Mais soit que lord Shelburne fléchît sous l'impopularité élevée contre lui par les préjugés anglais autant que par la rancune, soit confiance de sa part que les adversaires n'arriveraient pas à former un gouvernement, soit fatigue, on lui a reproché, et Moustier en informait Versailles, de se montrer « pusillanime » durant ce long intérim, d'avoir ainsi inspiré la résolution aux autres. Ce fut même l'opinion exprimée par Fitz-Herbert [1]. George III en vint à accepter un cabinet formé par la coalition, sous la présidence du duc de Portland.

Lord North était de ce cabinet, « fourvoyé, a-t-on dit avec raison, à côté de Fox l'homme principal de la combinaison [2] ». Lord North devait son rang dans le Parlement à l'appui que lui avait prêté le roi durant sa trop longue administration, et l'opposition qu'il venait de faire le rendait maintenant désagréable à d'autres encore qu'au prince. Rentrait-il avec l'idée de reprendre la guerre? On ne pouvait sérieusement le penser. Il l'avait menée presque toute; en dernier lieu, il avait déployé toute l'énergie possible à mettre l'Angleterre en état de la continuer, puis toute l'adresse et le sang-froid possibles à tâcher de la clore au moins un temps avec avantage, par le détachement soudain de l'Amérique d'avec la France. Le sentiment de la responsabilité politique le possédait donc assez pour qu'il ne méconnût pas qu'à raison des finances, des moyens et aussi des vraies dispositions publiques, ce fût la paix qu'il fallait appeler. Qu'il portât la blessure de s'être vu, à la fin, destitué de négocier cette paix nécessaire, contraint d'assister au mérite qu'un autre que lui en aurait, à la bonne heure! C'est son fils qui l'avait décidé à cette compromission avec Fox, alors très décrié malgré l'éclat de sa parole. Le fils avait

[1] Dépêche de Versailles du 30 mai. — [2] Rémusat, dans ses Études sur l'Angleterre politique du dernier siècle.

sans doute pris à cette plaie d'amour-propre le souverain argument, car au moment même de la motion par laquelle ils avaient renversé lord Shelburne, lord North flottait encore entre les deux partis; Fox en fit un peu après la confidence à notre ambassadeur[1]. A plus forte raison n'eût-on pas présumé Fox d'avoir d'autre vue que la vanité de conclure, lui, le traité final. Son esprit ne concevait guère d'idée politique qui lui fût propre. L'ambition très vive et très infatuée d'être au premier rang et dans le premier rôle, voilà ce qui véritablement le menait. Le mobile réel de leur action commune et de leur alliance, c'était, somme toute, après avoir jeté à terre le cabinet whig par revanche chez l'un, par besoin de monter chez l'autre, le désir de se substituer à leurs antagonistes dans la rédaction du Traité, et de bénéficier par là de l'ascendant assuré aux hommes publics qui le signeraient. 1783.

En attendant, Fox est où il voulait être, aux Affaires étrangères. Il y est en telle condition, que notre chargé d'affaires mande à Versailles : « Il est l'homme principal et le moteur du ministère[2]. » C'est avec lui que les clauses sont à débattre. Ce sera long. Il commence avec Moustier, continue avec l'ambassadeur : dans les deux périodes, mêmes mauvaises dispositions, en tout cas même indécision calculée de sa part. En serait-on sorti comme pour les Préliminaires avec Shelburne, s'il n'y avait pas eu, cette fois, un ambassadeur anglais en France et Fitz-Herbert à côté de lui? Les premiers jours, il ne semble guère que le ministère doive vieillir. Moustier a peut-être à son sujet le retentissement du déplaisir légué par Rayneval et partagé à Versailles. Il a vu déjà les anciens et les nouveaux ministres, certainement assez de monde aussi pour être instruit sur ce qu'on dit et de ce qu'on pense; il présente George III, « si maître de lui d'habitude », comme « ouvertement affecté, après avoir témoigné son éloignement pour certaines gens, d'être presque forcé maintenant à les employer et à recevoir la

[1] Lettre à Vergennes, du 27 mai. (*Angleterre*, t. 542, n° 154.) — [2] Rapport de Moustier, du 2 avril.

1783. loi ». Le roi avait, paraît-il, tenu ce propos : « Mais il faudra voir jusqu'au bout »; Moustier le relate pour exprimer combien le prince est « piqué de s'être trouvé contraint de nommer pour ministres des personnes qui lui sont aussi désagréables ».

La dernière recommandation reçue de France par Rayneval donnait cette instruction de fond, primordiale : « Ne perdez pas de vue que la « base de notre négociation a été et est encore que la paix serait géné-« rale, d'après ce principe dont nous ne pouvons pas nous écarter que « nous ne signerons notre traité que le jour même que les puissances « en guerre pourront signer le leur. Au train que prend la négociation « avec la Hollande, il est à craindre qu'elle ne fasse languir la conclu-« sion des autres. Je ne ferai pas l'apologie des Hollandais, qui se mon-« trent aussi incapables de faire la paix qu'ils l'ont été de faire la guerre; « mais il faut compatir à leur faiblesse et leur tendre une main secou-« rable. » Outre ces indications, recueillies tout d'abord, Moustier avait reçu celles que voici, datées du 25 février : « L'intention du roi est que vous preniez pour base de votre langage, vis-à-vis des nouveaux ministres, la bonne intelligence qui vient d'être établie, et que vous les invitiez à envoyer ici les instructions nécessaires pour la confection du traité définitif dont M. de Rayneval a remis le projet à milord Grantham. » Le chargé d'affaires provisoire était ainsi fixé d'ensemble sur ce qu'il avait à faire ou devait éviter; il entre donc en pourparlers, du moins il croit y entrer. Ni lui n'avait l'idée de l'indécision objectante qu'il allait trouver, ni à Versailles on ne se doutait du temps à dépenser avant d'aboutir. Le 4 avril, premier jour d'audience de Fox (c'est le troisième de la prise de possession du cabinet), le ministre marque le regret qu'on ait cédé Trinquemalé; néanmoins il poussera la signature; « il désire que M. de Vergennes soit content de lui ». Il annonce ensuite que le duc de Manchester va être l'ambassadeur anglais à Versailles. Après cela, obtenir de lui quelque chose de net sera un problème que cette brève conversation ne laissait pas attendre. Un mois se passe avant l'installation du duc de Manchester à Paris,

du comte d'Adhémar à Londres, et presque tous les jours sont pris 1783.
par des objections ou par des réticences de Fox, dans des conversations d'audience quelquefois, plus souvent de rencontre. Le tout sans lien, visiblement le fait de quelqu'un préoccupé des impressions publiques, n'ayant nulle vue personnelle sinon de se ménager leur faveur, et qui connaît peu ce dont il parle.

Moustier n'a pas avant le 8 une nouvelle audience. L'union avec les tories a déjà fait perdre du poids à l'ex-orateur de l'opposition; sa réélection l'absorbe, des places à distribuer à cette fin : avant que le chargé d'affaires ait ouvert la bouche, il se dit avec hâte en dispositions de rédiger un contre-projet de traité. Mais, tout aussitôt, il réclame contre l'article 16 des Préliminaires, où les deux parties se sont interdit de donner assistance directe ni indirecte dans l'Inde à leurs alliés respectifs qui ne se rangeraient pas aux accords convenus entre elles. Le 11, il est plus prolixe. Moustier l'a rencontré la veille dans le monde, ils ont effleuré divers points, Fox revient sur eux. Il va « s'occuper du contre-projet de traité; seulement, pourquoi des conventions générales de commerce au préalable? M. Pitt en avait préparé, mais sur des principes auxquels, lui, il est opposé; et non du tout par animosité contre le ministère de lord Shelburne, uniquement par conviction que les théories, quant au commerce, sont souvent très nuisibles en pratique; il sera utile à l'Angleterre de mettre moins de gêne à son commerce avec les étrangers; on passera donc aisément des accords avec la France, avec d'autres pays, mais accords particuliers, et point par avance, notamment avec les États-Unis, d'autant moins avec l'Espagne; ce sont des cessions, l'Angleterre n'en a que trop fait; du reste, dans l'instabilité des ministères, sait-on si les successeurs ne changeraient pas ce qui serait convenu »? Fox s'accroche ainsi tout de suite à celle des préventions publiques qui a le plus de surface, Moustier sort avec l'impression, en outre, que pour ce qui est de la Hollande il veut revenir sur l'abandon promis de Négapatnam. Le ministre lui a d'ailleurs dit : « Est-il bien nécessaire, pour signer la

1783. paix, que tout soit d'abord décidé avec les Hollandais? ils sont dans les mains du roi. » A cela, Moustier ayant répondu que la confiance entre les deux nations va rendre tout facile, Fox fait cette réplique, aussi peu que possible en rapport avec les sentiments dont on s'était inspiré jusque-là : « Oui, mais cela ne peut pas venir si vite, les deux pays étant désunis depuis cent ans. »

L'article V des Préliminaires portait cession par l'Angleterre des îles Saint-Pierre et Miquelon à la France; par l'article IV, nos droits dans la pêche à Terre-Neuve étaient fixés, pour l'un et l'autre objet des délais d'exécution établis. Fox avait bien assuré n'y pas contredire, mais ajouté « qu'il ne se presserait point, parce que, s'il faisait la restitution avant que la paix fût signée, nous serions peut-être ensuite moins pressés de terminer ». Aussi, le représentant de Versailles pouvait-il écrire, dès lors, « qu'il n'était pas encore aisé de démêler la véritable façon de penser, et qu'il fallait sans doute attendre que Fox ait pu balancer son opinion réelle avec celle qu'il croira de son intérêt de suivre ». En effet, cela continue. Le 14 avril, au cercle de la reine, le ministre prend Moustier à l'écart, l'informe qu'il est prêt d'envoyer à Fitz-Herbert le projet définitif avec la France, mais pas celui avec l'Espagne, et qu'il craint de là du retard; puis il saute à la question de la navigation des neutres, trouve injuste qu'on en ait étendu la liberté aux îles conquises; après quoi, il revient à Trinquemalé et à Négapatnam pour prétendre que la remise n'en a été décidée qu'au cas où la prise en serait effectuée auparavant. Le lendemain, rencontrant le chargé d'affaires autre part, il s'en prend à l'idée qu'a M. de Vergennes de faire intervenir les puissances médiatrices dans la signature. « Pour Dieu, il faut faire cette signature sans nous laisser arrêter par égard pour elles, qui voudront peut-être retarder le traité afin d'y comprendre leur principe de neutralité armée. » Le 18, en audience, il paraît de nouveau pressé de voir tout conclu; il achève son contre-projet quant à la France, il va finir au regard de l'Espagne, mais il ne laisse pas de demander encore des changements; c'est Portendick dont il voudrait maintenant la cession à l'Angleterre, pour assurer à celle-ci un point qui lui facilite le commerce de la gomme. Un instant après, à moitié sérieusement, il propose que nous recédions Tabago à la Grande-Bretagne en échange de Négapatnam, sauf à la France à satisfaire ensuite les Hollandais. A quoi il ajoute aussitôt « qu'il n'entend nullement revenir sur les Préliminaires, qu'il fait ces demandes comme une grâce et par confiance, et que s'il l'obtenait, il serait, lui aussi, très empressé à en donner ». En toute justesse, dans un pli particulier à M. de Vergennes, Moustier traduit ces insinuations par ceci, que « les changements présentés par le chef du *Foreign Office* ne doivent point être pris pour esprit de chicane, mais pour se prévaloir de ce qui serait accordé et, au sujet du reste, avoir la ressource de rejeter sur le compte de ses prédécesseurs les inconvénients qu'on reprocherait à la paix [1] ». 1783.

Nouvelle audience le 24 avril. Moustier veut insister encore, Fox change maintenant d'allure. Notre représentant ne laissait pas passer sans les rétorquer ces échappées dilatoires ou brouillonnes vers le vieil amour-propre anglais et la prétention de suzeraineté sur les autres nations. Maintes fois il avait indiqué, écrit-il, « les causes de faiblesse qui sont visibles aux yeux les moins exercés dans la situation de la Grande-Bretagne, tâché de démontrer par le détail que l'Angleterre devait, au contraire, se trouver bien heureuse d'avoir obtenu la paix; qu'elle lui était nécessaire, et qu'en conséquence avec aucune puissance il ne devait plus rester trace de la guerre ». Fox se borne à présent à « secouer la tête en différents sens selon les arguments ». Mais Moustier ayant de nouveau fait part du désir de Versailles que les quatre traités, France, Espagne, Amérique, Hollande, soient signés en même temps, et prié le ministre de donner à Fitz-Herbert des instructions correspondantes, celui-ci l'avait promis avec l'assurance que « le désir pareil était ressenti [2] ». Effectivement, Fitz-

[1] Correspondance de Moustier avec Versailles. (*Angleterre*, t. 542, n°s 1, 8, 9, 10, 24, 50.) — [2] *Ibid.*, n° 49.

1783. Herbert, à cette heure-là, avait en main le contre-projet. Le 25, il en adressait copie à M. de Vergennes et s'annonçait prêt à en conférer.

A partir de ce jour, c'est entre Versailles et l'ambassade d'Angleterre en France qu'a lieu presque toute la discussion. Il en reste fort peu de traces écrites. Mais la correspondance de ce moment terminal ne laisse pas expliquer autrement que par l'incohérence politique de Fox quant aux affaires extérieures, et par la préoccupation personnelle qui le dominait, qu'il ait fallu sept mois après la signature des Articles préliminaires pour arriver à établir et à conclure le traité définitif. Elle rend visible que la grande majorité des esprits en Angleterre appelait le dénouement, et que le gouvernement lui-même le souhaitait. Il y en avait certainement un indice en ceci : le duc de Manchester avait apporté à Versailles, le 3 mai, des lettres de créance datant du milieu d'avril, et, de la même date, en latin, des pleins pouvoirs de signer la paix[1]. Qui plus est, on lui donnait pour secrétaire d'ambassade celui même que lord Grantham venait d'avoir à ses côtés, le jeune Maddisson, et c'est lord Grantham qui le recommandait à M. de Vergennes dans un billet privé, comme s'il eût encore été à sa précédente place[2]. George III, probablement, était intervenu en cela, et sans doute aussi dans les prévisions qu'appelait l'arrivée imminente de notre ambassadeur sur le territoire anglais.

C'est au même moment, le 25 avril, que le gouvernement de Versailles donnait à son nouveau représentant près la cour de Londres les instructions générales d'après lesquelles il aurait à régler son langage et sa conduite. L'état des rapports de la France avec les diverses puissances, celui des questions existantes avec chacune ou à propos

[1] *Angleterre*, t. 542, n°s 40, 42.

[2] *Ibid.*, n° 48. « Quand je fus appelé à la « situation qui exigeait que j'employasse auprès « de moi une personne qui réunisse toutes les « qualités nécessaires pour l'exercice d'un em« ploi très important, ce fut M. Maddisson que « j'y invitai. Les mêmes raisons l'ont recom« mandé au roi et à mon successeur dans cette « occasion. »

de chacune y sont soigneusement précisés. La politique extérieure 1783.
du règne s'y trouve comme résumée pour l'histoire. Malgré les pronostics d'une prochaine entente définitive, ce n'est pas sans faire envisager à notre nouvel interprète les raisons subsistantes de dispositions contraires dans le cabinet anglais, qu'on lui trace ce mémorandum. Raisons intimes ou prétextes pouvant être saisis, leur persistance les fait craindre; de là ce préambule aux directions que le destinataire devra suivre[1].

La mission que le roi confie au comte d'Adhémar est d'autant plus importante, qu'elle a lieu après une paix qui a porté atteinte à la considération comme à la puissance de la Grande-Bretagne : la cour de Londres, accoutumée depuis près d'un siècle à abuser de sa fortune, aura de la peine à se familiariser avec sa situation actuelle. Elle oubliera difficilement que cette situation est l'ouvrage de la France, et ce qui l'affectera surtout, c'est la confiance que le Roi a su inspirer à toutes les puissances de l'Europe par sa justice, par sa modération et par la sagesse de sa conduite. Ces différents motifs, joints à la jalousie que l'Angleterre a naturellement à l'égard de la France, semblent devoir rendre le rapprochement des deux cours extrêmement difficile. Cependant on ne le croit pas impossible : la Grande-Bretagne a besoin de repos, et le ministère anglois sentira qu'il ne peut l'assurer qu'en évitant tout sujet de discussion avec la France et ses alliés.

Le roi lui-même doit désirer que la paix qui vient de se rétablir soit de durée : elle est nécessaire à son royaume, et le renouvellement de la guerre seroit d'autant plus contraire aux vœux de Sa Majesté, qu'Elle est sans ambition, qu'Elle n'a et ne peut avoir aucune vue de conquête, et que son unique objet est de faire le bonheur de ses peuples en tournant tous ses soins vers l'administration intérieure de son royaume.

Ainsi, quelles que puissent être les dispositions secrètes des ministres anglois, il importe au roi de les convaincre que son système est essentiellement

[1] *Mémoire pour servir d'Instruction au Sr Comte d'Adhémar, Maréchal des camps et armées du roi, Premier écuyer de Madame Élisabeth de France, allant en Angleterre en qualité d'ambassadeur de la part de Sa Majesté.* (*Angleterre*, Suppléments, t. 14, n° 21.)

1783. pacifique, et que Sa Majesté, fidèle à ce système, s'efforcera de maintenir scrupuleusement le traité qu'Elle va conclure avec Sa Majesté Britannique. Tel doit être, en effet, le point de vue vers lequel l'ambassadeur du Roi dirigera invariablement sa conduite et son langage. Il y a lieu de croire que le roi d'Angleterre prendra confiance dans tout ce que le comte d'Adhémar lui dira des dispositions du Roi, parce que ce prince a pris, durant les négociations qui ont précédé le Traité préliminaire, une opinion avantageuse du caractère de Sa Majesté, et qu'il a été touché de la manière franche et désintéressée avec laquelle Elle s'est portée à lever tous les obstacles qui auroient pu s'opposer à la paix. Mais peut-on espérer que les ministres actuels partagent la façon de penser de leur souverain? C'est à force de déclamations contre la paix et ses auteurs, qu'ils ont réussi à s'emparer de l'administration; il est probable qu'ils affecteront dans toutes les occurrences de manifester du mécontentement, quelque satisfaits qu'ils puissent être intérieurement de la paix, et ils croiroient peut-être se compromettre en partageant la confiance que l'ancien ministère avoit mise dans le roi et son Conseil.

Quoi qu'il en soit, le Cte d'Adhémar, en observant avec sa perspicacité ordinaire les nouveaux ministres, se conduira à leur égard comme s'il les croioit dans les dispositions les plus satisfaisantes à l'égard de la France, et dans l'intention invariable de consolider la bonne intelligence qui vient d'être rétablie : il est inutile d'observer que cette marche doit être alliée à beaucoup de circonspection et de réserve sur les rapports politiques du roi avec les autres puissances : il seroit à craindre que les ministres anglois n'abusassent de ces confidences de l'ambassadeur du roi. Ce sera au Cte d'Adhémar à juger jusqu'à quel point la réserve qui lui est recommandée devra être portée, et dans quel cas le service du roi exigera qu'il s'en relâche.

. . . .
. . . .

Fait à Versailles, le vingt-cinq avril 1783.

Signé : LOUIS.

Par le roi : GRAVIER DE VERGENNES.

Le comte d'Adhémar va donc maintenant débattre pour nous à Londres et tenir le fanion de la France. Il trouve au débarquer des

apparences très différentes de ce à quoi il a pu croire en partant. 1783.
Supposerait-on à tort que le commandement du roi y avait pourvu? Atteignant à Douvres le 10 mai, l'ambassadeur reçoit, mande-t-il le lendemain, «au delà de l'ordinaire» les honneurs d'usage. C'est ainsi jusqu'à Londres. A Canterbury, une garde avec drapeau lui est donnée. Dès la semaine précédente on avait préparé des relais de dragons pour l'accompagner. «Les ordres avaient été «transmis sur toute la route pour que je fusse bien et promptement «servi. J'ai observé que l'on était bien aise en Angleterre de voir «un ambassadeur de France, et l'air de plaisir de la population même «est une preuve que cette ancienne animosité nationale est fort «diminuée.... A Douvres, j'ai reçu les harangues et les visites de «corps. J'ai vu partout la plus grande joie de l'heureux rétablisse-«ment de la paix, et le nom du roi béni et adoré dans toutes les «bouches[1].» Admis à présenter ses lettres de créance, il y a tant de monde, à la réception royale, qu'il attend quatre heures de suite. Non qu'il puisse attribuer tout à fait cette affluence à lui seul, mais certainement en partie. Il écrit: «La cause en est que le roi n'a pas reçu depuis quelque temps, qu'il a perdu un de ses enfants, et qu'enfin l'arrivée d'un ambassadeur de France a provoqué une foule de curieux, car l'on ne peut pas se faire l'idée de l'effet que produit dans ce pays-ci le ministre du roi.» Il est frappé du langage que lui tient George III. «Ce prince m'a parlé avec la plus tendre émotion de «ses vœux pour la durée de la paix et de son attachement pour le roi. «L'audience a été très longue et toujours ramenée à la matière inté-«ressante de la bonne amitié entre les deux nations. Les yeux du roi «se portaient sur M. Fox dans les choses les plus fortes, et ce secré-«taire d'État paraissait approuver les expressions positives de son «maître[2].»

Des premiers renseignements de l'ambassadeur ressort le fait que

[1] *Angleterre*, t. 542, n° 108. Londres, le 11 mai. — [2] *Ibid.*, n° 119; Londres, le 15 mai.

1783. les deux cours se souhaitaient l'une l'autre. Ces deux sociétés les plus policées de l'Europe avaient hâte de nouer des relations. Elles s'attendaient, comme une conception commune à M. de Vergennes et aux ministres d'auparavant faisait concevoir, entre les deux pays pacifiés et l'Europe avec eux, des rapports ouvrant une phase nouvelle. Moustier, en apportant ses lettres de rappel, avait présenté au roi George le duc de Chartres, venu le premier sous le nom de comte de Joinville. Le 18 mai arrivaient Mmes de Charlus, de Coigny, d'Andlau, les duc et comte de Coigny, d'Esterhazy, de Polignac. Avec le duc de Chartres se trouvaient M. de Conflans, le duc de Fitz-James, « ce qui fait une véritable colonie française, écrit privément « l'ambassadeur à M. de Vergennes; ils reçoivent tous ici l'accueil le « plus amical et le plus distingué. Voilà les premiers fruits de la consi- « dération que le roi a rendue à la nation française[1]. » Deux semaines plus tard, il mande combien il a été visible aux réceptions du roi que le luxe a fait des progrès inconcevables. Les jours d'auparavant, il a présenté au lever le duc de Guines et M. de Charlus, passant quelques jours à Londres; on leur a fait de même « un accueil très distingué »; Mmes de Charlus et de Juigné ont le plus grand succès; le roi et la reine paraissaient désirer qu'elles leur fussent présentées, mais leurs maris ont éludé dans la crainte de n'avoir pas l'approbation de Sa Majesté; il demande d'être fixé à cet égard. L'instant avant de partir pour Paris, le duc de Chartres est venu au lever, ce qui a été très agréable au roi, qui en a marqué sa satisfaction à plusieurs reprises. « La manière d'être de ces messieurs a plu aux Anglais, ajoute- « t-il; ce concours de sentiments individuels ne peut que favoriser les « vues du gouvernement; M. le duc de Chartres et M. de Conflans « ont lié aux courses anglaises des paris qui obligeront plusieurs « Anglais à venir faire courir leurs chevaux à Fontainebleau; c'est Fox « lui-même qui a réglé les conditions des parties[2]. »

[1] *Angleterre*, t. 542, n° 128. — [2] *Ibid.*, n° 178.

Fox a suivi en cela le courant; pour ce qui reste à faire il va rentrer dans le sien, il s'y maintiendra sans changer. A ses entretiens suivants on ne se douterait pas de la faveur générale et de celle du grand monde de Londres pour la réconciliation des deux peuples, si déjà l'on n'était édifié sur la nature d'esprit qu'il apporte dans sa charge. Le comte d'Adhémar a la correspondance loquace, outre que ses informations sont tout en dialogue, sans synthèse. Versailles trouve à cette fluidité, où manque la précision, le désavantage de laisser le soin de conclure, de se fixer à sa place. Pour l'histoire du moment, ce défaut sert du moins à faire voir de près non seulement les dispositions qui règnent, mais aussi le peu édifiant spectacle politique où le jeu parlementaire a conduit cette Angleterre, si vigoureuse, cependant, quand il s'était agi de soutenir la guerre. L'ambassadeur est un Nîmois de quarante-cinq ans, d'Adhémar de Montfalcon. Il a eu le régiment d'infanterie de Chartres à titre de colonel, et été ministre à Bruxelles depuis 1774. Il avait sollicité l'ambassade de Constantinople en 1777, le comte de Saint-Priest la quittant; maréchal de camp en 1781, il a recherché le poste de Londres dès les indices de paix. A la vérité, il était depuis 1778 premier écuyer de Madame Élisabeth; ç'avait été probablement, de la part du roi, le titre déterminant pour le choisir. Bruxelles n'était pas l'endroit des grandes affaires; aussi l'ambassadeur montre-t-il une entière soumission à les apprendre dès qu'il arrive à Londres, demandant au ministre son opinion sur sa manière, de l'en redresser au besoin, toutefois ne la modifiant guère faute d'avoir les facultés qu'il faudrait. Mais il est reconnaissant de la bienveillance dont M. de Vergennes se fait prodigue pour lui; bientôt il voudra le lui prouver par un petit service de cour, en homme de cour qu'il est surtout, pour qui toute sûreté réside là. 1783.

L'ambassadeur a été rendu porteur, par le ministre, d'un pli pour lord Shelburne, d'un également pour lord Grantham, de cadeaux de Sèvres pour eux au nom du roi, et en son nom à lui, propriétaire

IMPRIMERIE NATIONALE.

1783. dans le pays du plus grand vin de France, d'une barrique de sa cave. Au sortir de l'audience royale, il est bien amené chez Fox; mais avant d'en avoir une à vrai dire ministérielle, c'est chez lord Shelburne qu'il dîne. Le duc de Chartres et lui sont les convives d'honneur; lord Grantham assiste aussi, comme si rien n'était changé depuis auparavant. Comme si l'on avait été encore auparavant, le représentant de Versailles transmet par son courrier les réponses des deux ministres de la veille aux gracieusetés du ministre du roi. Le précédent Premier est retourné le lendemain à cette résidence de campagne où avec Rayneval, à l'abri d'aucune autre oreille, il avait commencé à traiter cette paix qu'il faut achever à présent. C'est de là qu'en son français un peu anglais, mais parfaitement expressif, il marquait à M. de Vergennes les sentiments les mieux en rapport avec ceux dont il avait reçu de ce dernier le témoignage[1] :

Monsieur le Comte,

M'étant toujours fait un devoir de rendre justice à la noblesse et à la bonne foi que Votre Excellence m'a fait éprouver sans la moindre nuance d'altération pendant tout le cours des affaires délicates que le dernier ministère avait à négocier avec elle, je dois être fort sensible aux témoignages honorables dont elle a bien voulu distinguer mes efforts pour lui manifester de ma part une conduite pareille. Il me seroit impossible, Monsieur le Comte, de vous donner une idée juste du prix que je mets à l'invitation flatteuse que vous me mandez pour la continuation d'une amitié que j'ambitionne de conserver pour toujours. Monsieur le comte d'Adhémar m'a fait l'honneur de me communiquer de la manière la plus agréable la commission qu'il en avait reçu de Votre Excellence. Je m'empresserai de cultiver et de confirmer la bonne opinion que vous voulez bien lui inspirer.

Votre Excellence me permettra de l'assurer que le changement arrivé dans ma position ministérielle n'en causera aucun dans mes vœux pour voir l'accomplissement parfait de l'ouvrage commencé sous l'heureux auspice d'une confiance mutuelle. Je me tiendrai toujours intéressé dans l'exécution honorable

[1] *Angleterre*, t. 542, n° 126.

et complète de tous les articles des préliminaires de la paix, et même d'avancer autant qu'il m'est possible les grands principes qui devroient en recommander la sagesse. Je suis persuadé qu'autant qu'ils seront étendus, la durée de la tranquillité sera maintenue et qu'on en pourra tirer les moyens de faire cesser l'idée injuste d'une inimitié naturelle entre les deux nations, et au contraire d'y substituer la certitude d'une amitié solide à laquelle leur position réciproque et celle de l'Europe devroit naturellement les attirer, des certaines objets des jalousies une fois écartés. 1783.

J'accepte avec bien du plaisir le vin de Bourgogne dont Votre Excellence m'annonce l'arrivée, et je la prie de me permettre de lui envoyer de la boisson de ma province. Ce n'est certainement pas calculé pour donner une idée trop favorable de nos moyens de faire des échanges égaux dans un arrangement de commerce.

J'ai l'honneur d'être, avec la plus haute considération et avec un attachement inviolable, Monsieur le Comte, de Votre Excellence le très humble et très obéissant serviteur,

SHELBURNE.

A High Wycombe, ce 19 de may 1783.

Lord Grantham en disait moins long; c'était non moins solide, toutefois, terminant par ces lignes qui résumaient la lettre :

..... Je puis sincèrement assurer Votre Excellence que je porterai avec moi, dans l'espèce de retraite qui accompagne ma situation actuelle, les souvenirs les plus vifs et les plus constants de la confiance que Votre Excellence m'a accordée.

Avec l'ambassadeur, Fox va de nouveau passer sans suite, en audience ou au dehors, d'un détail à l'autre. Plutôt d'un état d'esprit à un autre, car pour sa personne les choses se compliquent à mesure que les jours se succèdent. Son intérieur frappe d'Adhémar. « Vous « n'avez pas l'idée, écrit celui-ci le 11 mai à M. de Vergennes privé« ment, du décousu de cette maison, où l'on est servi par quelques « valets de la plus mauvaise mine, sur des assiettes de terre du pays. »

1783. Observation un peu vétilleuse d'un Français de Versailles, mais qui donnait l'image de ce qu'était aussi la « maison » politique. D'Adhémar ne tardera pas à dire, en effet, faisant allusion au renom de l'hôte[1] : « Ce ministre populaire est un étrange ministre des Affaires « étrangères, et, lorsqu'il aura perdu sa popularité, ce qui s'achemine « beaucoup, je ne sais ce qui lui restera. » Deux mois plus tard, il fera ce tableau moins flatteur encore, malheureusement véridique : « Il est impossible de suivre quelque chose ici. M. Fox éloigne les « jours d'audience, il écarte avec plus de soin encore les occasions de « parler politique..... Si supérieur souvent dans les affaires de son « pays, on le voit avec peine au-dessous de lui-même lorsqu'il traite « de celles de l'Europe. Il évite d'entrer en matière. Ce sont par con- « séquent des phrases décousues, des mots en l'air qu'il faut saisir, « rapprocher, et tout cela peut-être pour donner un corps imaginaire « à des choses qui n'ont aucune consistance dans son esprit..... Il « est amoureux d'une Mme Shéridam avec laquelle il passe sa vie à la « campagne. Il ne vient ici que des instants pour les heures de conseil. « Cette dame est la femme d'un homme de rien à qui l'on attribue « beaucoup d'esprit. »

Ce sont, en effet, les objections de Fox où ses poussées subites et sans lien qui retardent la conclusion. Tout le monde serait d'accord, mais il envoie à son ambassadeur en France l'écho des soudainetés qui lui viennent devant le nôtre; et comme c'est en France que la conclusion se discute, elle n'avance pas. Dès qu'il a vu le comte d'Adhémar, il s'est confondu en expressions obligeantes; de nouveau toutefois il a signalé dans la question du commerce « un point de difficulté réelle », et rendu sensible qu'il préférerait s'en tenir sur ce point aux anciens traités, ne point poser de nouvelles règles. Pour cela, le traité d'Utrecht surtout lui agrée. Le surlendemain, l'ambassadeur va à sa réception ministérielle; alors ce sont ses préoccupations person-

[1] Le 30 mai.

nelles qui le font parler. « Je vois qu'il y a des difficultés sur les moindres choses, se met-il à dire; je n'en fais pas positivement des plaintes, « car je n'ai pas le droit rigoureux. Ces diables de Préliminaires! (il les « tenait à la main)....; ces vilaines gens m'ont lié de toutes les « manières; mais j'aurais cru trouver plus de facilités de la part de « M. de Vergennes, surtout à l'égard des objets qui, sans nuire à son « ouvrage ni à la France, m'auraient été fort agréables. C'eût été un « moyen de nous donner mutuellement des preuves de condescen« dance. Vous sentez bien que, dans la position où je me trouve, c'est « assez d'avoir leurs engagements à remplir. Je serais accablé de repro« ches si j'allais au delà : l'on ne manquerait pas de me dire qu'il ne « valait pas la peine de déclamer si fort contre les Préliminaires pour « leur donner ensuite par des mots positifs une extension qu'on avait eu « l'adresse d'éluder. » Selon lui, nous avions retiré de la paix « des avantages immenses », et nous devions tout à « la faiblesse de l'Angleterre ». C'est le 22 mai que Fox tient ce langage reflétant le manque d'autorité morale du cabinet dont il est la cheville ouvrière; à quelques jours de là, le 27, il laisse voir le peu de solidité qu'a son alliance avec lord North. Il raconte comment elle a été opérée par le fils de celui-ci. A quoi l'ambassadeur répondant que « cela devait la rendre inébranlable », il réplique avec vivacité que oui, et qu'il a dit depuis à son collègue : « Que nous ayons bien ou mal fait, nous devons pour « notre intérêt mutuel persister dans la plus intime union. » 1783.

Cherchant donc des objections dans les préjugés anglais, pour justifier le mal qu'il avait proféré des Préliminaires et tourner vers lui l'opinion, Fox se prenait à tous les mots pouvant arrêter et, par la différence que d'autres introduiraient dans les choses, le montrer, lui, différent des prédécesseurs qu'il avait renversés. A Versailles, où sauf qu'on voulait fermement la simultanéité du traité pour toutes les parties belligérantes et qu'on ne signerait pas sans cela; où l'on ne visait qu'à mieux préciser les termes et à les fixer plus positivement que dans le premier acte, on avait tout de suite écarté les fantaisies

1783. du ministre anglais. Sur la première, cession par le roi de Portendick à l'Angleterre, répondu que «le roi n'y consentirait «jamais»; sur la seconde, échange de Tabago pour Négapatnam, qu'elle «ne saurait être prise au sérieux». Le 26 avril, on a conféré avec Fitz-Herbert du contre-projet dont celui-ci vient de donner copie. Moustier était encore à Londres. On lui avait immédiatement, par office et de plus par un pli particulier, mandé qu'à faire figurer le traité d'Utrecht dans le nouveau traité on préférerait une mention rappelant tous les anciens d'une manière générale; que, relativement à Terre-Neuve, on voudrait faire dire que nous aurons la pêche «exclusive» de la partie de côte dont nous étions assurés; encore laisserait-on le cabinet anglais constater cela dans une déclaration ministérielle, s'il lui déplaisait de le dire dans le texte même. M. de Vergennes a, dans ce moment, les yeux tournés vers le Levant. Catherine II menace Constantinople. Il revoit et complète les minutes de la correspondance pour l'autre côté de la Manche, mais c'est Rayneval qui rédige. Connaissant Fox et autant l'esprit de Londres, celui-ci avait fait écrire à Moustier: « . . . . . Je crains, ainsi que vous, que M. Fox ne suive les im-«pressions de son amour-propre blessé et le besoin qu'il croira avoir de «ne point se montrer plus facile que ses prédécesseurs qu'il a vivement «censurés.» Après avoir appuyé sur le désir du roi d'accélérer la conclusion de la paix, de nouveau sur l'obligation qu'elle se termine en même temps pour tous les belligérants, le pli continuait, à propos de ce qu'avait dit Fox du vieil antagonisme régnant entre les deux nations : «Vous avez raison de penser que la défiance entre les cours de «Versailles et de Londres a pour principe sinon une erreur populaire, «du moins une erreur politique; mais M. Fox a raison de son côté en «disant que cette erreur est ancienne et qu'il faudra du temps pour «la détruire. En Angleterre, les ministres peuvent penser sainement «et s'élever au-dessus des préjugés nationaux; mais ils ne sont pas tou-«jours les maîtres de suivre l'impulsion de leur sentiment personnel; «les circonstances, leur position et surtout l'instabilité de leur exis-

« tence ministérielle leur font presque toujours la loi et les tiennent « dans la marche que la politique anglaise est accoutumée de suivre « depuis plus d'un siècle. Cependant il est possible que le cabinet de « Saint-James s'éclaire enfin sur ses véritables intérêts et qu'il aban- « donne ses anciennes préventions. Je crois à M. Fox assez de force « d'esprit pour entreprendre et pour opérer cette résolution, et il me « semble que les circonstances actuelles seraient propres à seconder « ses efforts; mais le voudra-t-il et sera-t-il assez longtemps en place « pour achever son entreprise? » 1783.

Phrase de politesse, qui aurait marqué une illusion pure et simple si elle était pensée. De l'avis de Moustier, Fox aurait trouvé son amour-propre compromis à aller contre ce que, faute d'idées plus relevées, il se persuadait que la nation anglaise attendait de lui. C'est pourquoi il avait pris tout de suite pour cheval de bataille l'opinion par lui avancée sur « le commerce », celle aussi de ne point parler d'« exclusive » à Terre-Neuve, celle également de ne pas conclure avec la Hollande sans en avoir tiré des avantages pour la Grande-Bretagne [1]. Avec le comte d'Adhémar, il s'était donc campé de nouveau sur ce terrain, de sorte qu'à Versailles, en répondant le 22 mai au rapport où l'ambassadeur rendait compte de son audience par le roi George, on répétait que « l'exclusive » ne devait pas donner matière à contestation, qu'elle était « la base essentielle des arrangements »; que « l'article commerce » paraissait tout simple, l'article XVI des Préliminaires étant formel et M. Fox ne pouvant être soupçonné de vouloir l'éluder [2]. Heureusement que dans l'intervalle les choses s'acheminaient avec Fitz-Herbert, avec Manchester conséquemment. De ce côté, dès le 13 mai on était à peu près d'accord. Le 30, on retournait à Londres dix articles sur lesquels subsistait la suspension, tandis que tout le reste était remis à Manchester comme convenu. Seulement, Fox ayant fini par admettre que « l'exclusive » fût concédée en fait, avait

[1] Rapport de Moustier du 28 avril. — [2] Dépêche à d'Adhémar du 22 mai. (*Angleterre*, t. 542, n° 134.)

1783. déclaré tenir pourtant de lord Grantham que celui-ci ne l'avait jamais écrite. Le ministre de Versailles revenait donc sur ce point. Fort des souvenirs de Rayneval, il expliquait, d'une part, qu'à la vérité le prédécesseur de Fox n'avait pas, dans les Préliminaires, articulé d'acquiescement à cette prescription, mais qu'une fois l'acte signé il avait eu du regret, senti qu'à tant faire que de consentir à la chose il n'y avait aucune raison de ne pas l'exprimer, et que son idée était d'y venir quand il avait quitté le pouvoir. M. de Vergennes en prenait, d'autre part, occasion de confirmer par sa propre opinion celle de l'ambassadeur sur le ministre de George III, et de dire officiellement le bien qu'il pensait des ministres d'auparavant[1] :

J'ai depuis longtemps, Monsieur, jugé comme vous des vues et du système de M. Fox. Ce secrétaire d'État s'embarrasse fort peu de la paix; mais il voudroit trouver beaucoup de facilité de notre part, non pour faire le bien de sa patrie, mais pour avoir un moyen de justifier ses clameurs contre les ministres avec qui nous avons traité. Selon nous, ses prédécesseurs se sont conduits avec beaucoup de loyauté et, je puis dire, avec beaucoup de patriotisme; nous, nous manquerions à nous-mêmes en trahissant cette façon de penser et en livrant à la censure, par une lâche complaisance, des ministres que nous avons estimés. Quoi que l'on dise de leur caractère, je crois que ceux qui les inculpent auroient été plus embarrassés qu'eux s'ils eussent eu leur tâche à remplir.

A tout prendre, de notre part il s'agissait de mots à préciser, d'autres à changer, d'autres à ajouter, en vue de mieux marquer le sens des articles précédemment formulés; pour Fox c'était, au contraire, de dire un peu moins s'il le pouvait, à plus forte raison de ne pas dire davantage. C'est comme un refrain chez lui. Dix jours plus tard encore, débattant avec d'Adhémar pour ou contre des expressions ou des équivalents, il répond : « J'adopte formellement les expres-

[1] Dépêche à d'Adhémar, du 22 mai. (*Angleterre*, t. 542, n° 164.)

«sions des Préliminaires, mais je m'y tiens... Toujours vouloir me «faire dire plus que les Préliminaires n'ont dit. N'exigez pas que je «fasse davantage.» Cependant il souhaitait la fin : «Je voudrais avoir «terminé avant la séparation du Parlement; il me serait fort agréable «de montrer cet ouvrage achevé [1].» Mais les mots à écrire ou à éviter n'étaient pas toujours sans importance. L'ambassadeur n'en aurait pas été convaincu de soi, qu'à cette heure même il l'apprenait de lord Shelburne, plus autorisé que personne à l'en avertir. Ils avaient eu, les jours d'avant, une longue conversation. En la faisant connaître à Versailles, d'Adhémar avait dû laisser en blanc pour son expéditionnaire le nom de l'interlocuteur, si étroite surveillance était exercée envers les démarches de ce dernier et si soigneusement l'ex-ministre avait demandé le secret [2]. Notre représentant relatait avec détail les particularités de cet entretien, qui avait duré plus de trois heures. Elles ne sont pas le moindre titre de lord Shelburne à la gratitude non uniquement de la France de Louis XVI, mais aussi des doctrines d'amitié internationale et de progressives relations économiques qui sont devenues, un moment, l'honneur de ce siècle-ci et qu'il faut souhaiter à l'autre d'instituer tout à fait. «Milord, écrivait l'ambassadeur, m'a «fait d'abord les plus grandes protestations de l'attachement personnel «qu'il vous porte. S'il était ici, m'a-t-il dit, je lui parlerais comme à «mon propre frère, et, d'après la lettre qu'il m'a écrite sur vous, je «crois pouvoir vous parler comme je le ferais à lui-même. J'ai l'ou«vrage de la paix extrêmement à cœur. Je l'envisage comme le plus «grand bien que j'aie pu faire à mon pays; mais, s'il n'est pas achevé «dans l'esprit qui l'a fait naître, tout l'avantage en sera perdu. Cet «avantage consiste essentiellement dans un traité de commerce qui «dégage notre administration des entraves grossières qui obstruent la «source commune de richesses. Plus vous en aurez, plus nous en «aurons. De ce premier rapprochement il résulterait, je l'espère, une

1783.

[1] Rapport d'Adhémar du 12 juin. (*Angl.*, t. 542, n° 185.) — [2] *Ibid.*, du 15 juin (n° 192).

IMPRIMERIE NATIONALE.

1783. « liaison plus intime entre les deux nations dont la bonne intelligence « assurerait la prospérité mutuelle ainsi que la tranquillité de l'Eu- « rope. » L'ambassadeur raconte qu'ils étaient seuls, déjeunant sur une table à thé; lord Shelburne avait repris : « C'est ici, de cette manière, « que j'ai commencé avec M. de Vergennes cet heureux ouvrage de la « paix que l'on attaque, que je soutiens ouvertement et que je désire « avec vivacité vous voir terminer bientôt. » Tout ce qui était de nature à faciliter la tâche, à indiquer la voie, il l'avait ensuite fait entendre. « Il m'a bien recommandé, continue d'Adhémar, de donner un sens « bien clair et bien positif aux mots additionnels que l'on ajouterait « aux Préliminaires relativement au commerce. Il pense qu'il serait « mieux de n'y rien changer du tout que de ne pas employer l'évi- « dence. »

Fox, pour désirer d'en finir, avait de plus en plus le motif de se faire bien venir au Parlement. Des avant-coureurs d'opposition non négligeables menaçaient son gouvernement. Dans une affaire ministérielle, il venait de n'obtenir que très juste et à grand'peine une majorité suffisante. En outre, ses démonstrations à lord North sur la nécessité de rester unis ensemble ne trouvaient pas l'entière réalité qu'il souhaitait. Le comte d'Adhémar, peu auparavant son entretien avec lord Shelburne, avait eu l'occasion de causer avec lord North dans une réception chez lord Carlisle. Le maître de la maison faisant remarquer au ministre l'attrait des dames françaises qui étaient présentes, celui-ci avait répondu avec enjouement : « Je suis de votre avis, « cela me rapproche des opinions favorables à la paix ; Monsieur « l'Ambassadeur, je vous prends à témoin de ma nouvelle profession « de foi; je voudrais avoir toujours eu des motifs aussi louables « pour changer de sentiments. » Et comme alors le Français le complimentait de sa gaîté, la comparait à celle qu'on avait connue au duc de Choiseul dans les affaires, lord North avait répliqué : « A pré- « sent, Monsieur, plus de comparaisons; je ne peux qu'y perdre; je « n'aime pas à me comparer, pas même avec moi-même. » Peu après

cette sorte de retour sur soi déjà significatif, à la cour et bien qu'en 1783.
riant aussi, il avait parlé de son propre rôle à l'ambassadeur avec une arrière-amertume rendue sensible par sa gracieuseté envers lui, disant que « M. Fox devait s'applaudir d'avoir à traiter avec le ministre et « l'ambassadeur de France », allant jusqu'à ajouter : « Ils m'ont fait « malgré moi chef de la Trésorerie, et puis rien, et puis ministre; je « n'ai rien fait de moi-même que ce qu'il aurait fallu peut-être ne pas « faire. » Ce dont d'Adhémar pouvait mander à Versailles : « Tout cela « d'un rire forcé qui ne change pas le fond des choses[1]. » D'autre part, venaient de la bouche du roi George les paroles les moins en rapport avec les tiraillements, aussi embarrassés que mesquins, par lesquels Fox pensait peut-être se poser en politique supérieur. Paroles les mieux faites, en tout cas, pour consacrer la réconciliation des deux peuples et montrer la paix comme positive. Le 21 juin, Mme de Charlus rentrant en France, d'Adhémar lui confie pour M. de Vergennes une lettre qu'il voulait placer en mains sûres; c'est un plaisir d'historien que d'en transcrire ce qui suit[2]. L'ambassadeur se trouvait avec M. de Guines; George III les avait recherchés ensemble :

..... Sa Majesté, pendant le cercle, nous avoit acculés dans un coin de l'appartement où il ne pouvoit être entendu que de nous deux. Il nous a parlé avec une ouverture aussi surprenante que pleine de bonté. La conversation nous avoit conduits à des choses obligeantes sur le voyage de M. de Guines, à des généralités relatives à la fréquentation qui s'annonce entre Paris et Londres. Le roi me dit positivement : « J'espère que vous serez assez long- « temps ici pour voir ce concours établi..... Nous n'avions pas besoin de « cette guerre pour nous apprendre que vous êtes estimables, mais vous vous « êtes conduits d'une manière si respectable dans toutes les occasions, que rien « au monde ne pourra vous faire plus d'honneur. » Et, tout de suite, le roi m'ajouta : « Que fait-on à présent en France de l'affaire de M. de Grasse? « C'est un homme qui s'est battu d'une manière très distinguée. J'en ai parlé

[1] Londres, le 6 juin. (*Angleterre*, t. 542, n° 178.) — [2] *Ibid.*, t. 543, n° 23.

1783. « à l'amiral Rodney et à vingt officiers de la marine : ils s'accordent tous à dire « qu'il n'y a pas du tout de sa faute dans le malheur qu'il a éprouvé; qu'en- « touré par ses ennemis et hors d'état de manœuvrer, il lui étoit impossible « d'échapper. » Le roi a donné ensuite de grands éloges à M. de Vaudreuil; il m'a parlé aussi avec beaucoup de détail des talents de M. de Guichen, que la nation anglaise regarde comme un grand tacticien; pour M. de Suffren, il a été élevé au-dessus de tout, et l'on a véritablement pour lui, à Londres, une sorte d'estime qui va jusqu'à la vénération. Le roi m'a ajouté : « Votre marine « a singulièrement acquis; tous nos officiers disent que vous manœuvrez mieux « que nous. . . . . » Il s'étendit avec dérision sur le ministère de M. de Sartine : « M. de Castries a donné une impulsion toute nouvelle à ce département, « nous nous en sommes bien aperçus »; et puis, portant la tête entre M. de Guines et moi, il nous a dit tout bas : « Quand nous savions que vous étiez seuls, « nous n'avions pas grande envie de vous rencontrer; mais, lorsque vous aviez « des Espagnols, nous augmentions de confiance. » Le roi a terminé en me répétant qu'il « feroit l'impossible pour conserver la paix ».

Présages pleins d'espérance. M. de Vergennes recevait peu après de Fitz-Herbert un pli personnel qui les confirmait. Fitz-Herbert avait été tout récemment nommé ministre plénipotentiaire à Saint-Pétersbourg. Il venait de partir de France muni, pour l'autre cour, d'une lettre où le ministre du roi disait tout le bien qu'il avait appris à penser de lui. Au moment de quitter Londres, voulant remercier encore, il mandait à ce dernier que, dans son audience de congé, à vingt occasions, George III lui avait témoigné ses sentiments pour le roi Très Chrétien et le désir qu'il ressentait que les liens de l'amitié qui venait d'être établie fussent rendus indissolubles à jamais[1]. « Et « je puis ajouter, continuait-il, que ce que le roi m'a dit à cet égard « est le vœu général de toute la nation. Un de vos voyageurs (je crois « M. de Conflans) a dit ici, en parlant de l'estime et de l'amitié que les « deux nations se portaient réciproquement, qu'il était à espérer et à

[1] Londres, le 27 juin. (*Angleterre*, t. 543, n° 40.)

« croire que nous n'aurions plus de querelles ensemble, mais si contre 1783.
« toute attente ce malheur arrivait, qu'il faudrait au moins appeler « une pareille guerre *une guerre civile;* et ce propos a été généralement « senti et cité non seulement comme un mot rempli d'esprit et de « grâce, mais encore un mot d'un grand sens et d'une grande vérité. »

Du reste, ni l'un ni l'autre des deux gouvernements ne doutait que la conclusion de la paix ne fût prochaine. Le 18 juin, le duc de Manchester était mis en possession de nouveaux pleins pouvoirs de son souverain pour la signer, Vergennes recevait ceux du sien, les leurs les représentants des deux puissances médiatrices, l'Empire et la Russie[1]. Car le ministre de Versailles n'avait point consenti à brusquer les médiateurs en se passant d'eux, comme on y était porté à Londres, Fox en particulier. C'était la paix européenne que poursuivait M. de Vergennes. Mettre fin, par la réconciliation de la Grande-Bretagne et de la France, à la trop longue période de guerre où leur animosité réciproque avait entretenu le continent tout le siècle; ouvrir dès lors une ère nouvelle, à ce grand changement visait en lui l'homme d'État. De la naissance de ce renouvellement il voulait que les puissances du continent fussent les parrains, pour devenir les garants de sa durée. Il avait tout d'abord écrit que « les Préliminaires convenus et signés, « toutes les puissances belligérantes pourraient passer un office distinct « aux deux cours médiatrices pour leur témoigner la sensibilité qu'elles « éprouvent de la disposition qu'elles ont manifestée de contribuer à « la réconciliation générale[2] »; malgré l'absence complète de l'une et de l'autre aux négociations, il ne s'était pas départi de trouver utile cette prévenance. Les choses se passeraient donc comme il s'était proposé qu'elles fussent.

Si toutefois Fox se donnait pour désireux d'en finir, et si l'opposition qui grandissait dans le Parlement le lui faisait envier de plus en plus par la pensée de la conjurer le traité de paix en main, il se retint tout

[1] *Angleterre*, t. 543, n° 7. Ceux de Manchester, de l'Empereur et de la Russie en latin. —
[2] *Ibid.*, t. 540, n° 117 : *Projet de lettre à Leurs Majestés impériales.*

1783. d'un coup devant les hostilités qui paraissaient près de surgir entre la Russie et Constantinople. L'idée l'avait sans doute pris, la vieille idée politique anglaise à défaut d'une autre plus haute, qu'en s'offrant du côté qui serait profitable à un moment donné, il remettrait sur pied la Grande-Bretagne et la dégagerait des conditions auxquelles il fallait maintenant la plier. De là une obstination de plus contre les demandes de Versailles. Deux mois pleins s'écoulent à continuer de tirailler soit les substitutions ou les additions de mots dans le projet de Traité, soit la nécessité d'en avoir fini avec toutes les parties avant de conclure. Aux yeux de l'Europe d'alors, un des titres incontestés de M. de Vergennes a été d'éteindre, par le rapprochement de l'impératrice Catherine et du Sultan, la conflagration près de recommencer. Le 20 juin, le ministre en annonçait le but à d'Adhémar et le chargeait d'y amener Fox[1]. Il faisait plus. Envisageant les éventualités contraires, il renonçait à la plupart des menus détails qu'il avait demandés. Ce même 20 juin, il est tombé d'accord avec Manchester, se contentant des à peu près d'une déclaration au lieu de « l'exclusive » et des autres points; il a même proposé, puisque la cession de Négapatnam aux Hollandais irritait Fox, d'amener ceux-ci à l'acheter[2].

Pendant ce temps, Fox se dérobait aux ambassadeurs. La situation intérieure le pressait. On voyait se démembrer la coalition qui avait fait le cabinet de lord Portland. « Je suis ici au milieu d'un ministère « tout occupé de sa propre existence, et qui ne compte pour rien ce « qui se passe en Europe, mande d'Adhémar à M. de Vergennes per- « sonnellement le 13 juillet[3]. Je vous jure, Monsieur le comte, que le « secrétaire d'État des Affaires étrangères est uniquement attentif à « son intérêt personnel et que son insouciance est égale à son igno- « rance politique. » M. de Vergennes, lui, écrivait à son représentant avec le feu qu'excitait en lui la connaissance des conséquences possibles des affaires du Levant, trop bien apprises autrefois sur les lieux

[1] *Angl.*, t. 543, n° 13; minute de Vergennes. — [2] *Ibid.*, t. 543, n° 22. — [3] *Ibid.*, n° 77.

mêmes[1]. D'Adhémar s'efforçait donc d'entretenir Fox à leur sujet, et 1783.
celui-ci n'apportait pas moins de persistance à se taire. L'ambassadeur est allé le joindre dans un salon de Londres et n'a obtenu que des banalités, partiales d'ailleurs d'apparence pour la Russie. Banalités mêlées de quelque impatience de terminer le Traité, « afin qu'il en soit fait mention dans le discours du roi au Parlement »; mais ce serait sans que les Hollandais y figurent. Ceci, le 26 juin. Une audience, le 6 juillet, a été nulle de nouveau; Fox a seulement vanté la condescendance extrême par lui témoignée envers Versailles: « Nous promettons, dans notre contre-déclaration, de ne pas vous molester par notre commerce, ce qui équivaut bien au mot *exclusif;* j'imagine que M. de Vergennes sera satisfait d'une expression qui lui donne la chose sur laquelle il n'a réellement pas de droit. » L'ambassadeur soulignait, non sans raison, cette montée d'outrecuidance.

Dans la diplomatie du dernier siècle, le comte d'Adhémar a-t-il été suffisamment qualifié pour que son opinion sur l'état politique de l'Angleterre à cette date fasse complète foi devant l'histoire? on peut le mettre en question. Du moins, les renseignements qu'il donne n'étaient point contredits de Versailles. Répandu dans le monde de Londres, bienvenu du roi George, tenu chez lord Shelburne pour pleinement estimé par Vergennes, il ne parle pas sans quelque autorité. Il s'est instruit des précédents, c'est sensible à un détail qu'avait transmis Gérard, presque au début, sur les motifs pour lesquels George III persistait dans la guerre contre les Colonies. D'Adhémar avait dû puiser cela dans les cartons de cet arrière-prédécesseur, en tout cas aux mêmes sources. « Le brigandage parlementaire est à son « comble, écrit-il. Les amis de cette coalition sont pour la plupart des « hommes sans mœurs, sans principes, sans fortune, et par consé- « quent dans la dépendance de leurs places, ce qui détruit tout espoir « de trouver en eux des volontés analogues à la raison. Il n'y a qu'une

[1] Notamment dans une dépêche minutée par lui, du 7 juillet. (*Angl.*, t. 543, n° 68.)

1783. « seule influence, celle de l'argent. C'est cette cupidité, d'où résulte « l'attachement pour les places, qui, sous le ministère de lord North, « a précipité la Grande-Bretagne dans la guerre que le roi a terminée « si glorieusement..... Jetez un coup d'œil en arrière, vous verrez « l'esprit de démence présider aux Conseils, les fautes, les extrava- « gances accumulées et cependant une opposition (quoique criminelle « dans ses vues) donner souvent au ministère des conseils lumineux « et des avis très sages, non suivis parce qu'il fallait rester dans ses « places, accumuler de l'argent, s'enrichir en ruinant son pays..... « Les traitants qui fourmillent ici, les agioteurs de toute espèce, les « entrepreneurs, constructeurs et autres dont la guerre assure la « fortune, forment une rumeur populaire qui force le gouvernement « à sacrifier le reste du royaume à la cupidité de la capitale.... »

C'est le 18 juillet que l'ambassadeur s'exprime ainsi[1]; on juge à son langage combien Shelburne était vraiment homme d'État en voulant faire sortir l'Angleterre de ce bas-fond. D'Adhémar est écœuré de ne parvenir à rien tirer de Fox sur ces affaires des Russes et des Turcs, qui inquiètent le continent et pas seulement Versailles. Il se demande si, en réalité, l'Angleterre pense à prendre parti, si le roi George, dont les intentions s'attestent si pacifiques et qui ne les a jamais mieux manifestées qu'à lui, permettra que l'on en revienne aux armes. Il répugne à le penser parce que, continue-t-il, « l'Angleterre « n'est plus ce qu'elle était autrefois. Les grands partis n'existent plus. « L'on ne sait à qui s'adresser, avec qui s'entretenir pour inspirer ou « combattre certaines opinions : il n'y a plus de point de ralliement, les « noms seuls existent. Les opinions n'ont aucune consistance, les prin- « cipes n'existent plus. Chaque capitaine fait des incursions et pille de « son côté. Vous voyez le ministère actuel s'honorer du wighisme qu'il « professe et s'opposer aux réformes les plus raisonnables et les plus « avantageuses. Des hommes qui se sont offensés mutuellement, qui

[1] *Angleterre*, t. 543, n° 99.

« se sont traités en public comme des misérables, dont la réputation, 1783.
« l'honneur a été vingt fois compromis par leurs attaques mutuelles, « ces hommes, à qui dans notre éloignement nous accordons quelque « estime, se réconcilient à la face de l'Europe pour former la plus « indécente et la plus perfide coalition dont le monde puisse jamais « être scandalisé. Je dis perfide, parce que les deux membres se haïssent « et se méprisent également. »

Sur Fox en particulier se concentrent les réprobations et portent les griefs du comte. Il ne méconnaît pas en ce ministre le grand parlementaire, mais en le qualifiant « l'orateur dont l'habileté se déploie « avec une force et une hardiesse qui subjugue, dont la témérité qui « lui fait tout entreprendre et la grossièreté dont il accompagne sou- « vent ce qu'il dit, fait craindre à la fois le caractère et les formes ». Seulement, il voit en lui un politique « absolument commun », ignorant son département et, d'ailleurs, n'apportant en général nul intérêt aux affaires du dehors, « ne s'échauffant qu'en tant qu'il veut obtenir « quelque condition favorable non pas pour le bien qui en résulte, « mais pour l'avantage qu'il en prendra sur ses rivaux ». Il est persuadé que, dans la situation, « Fox ayant toujours affecté de montrer ses regrets et de parler des prétendus moyens qu'on avait; les chefs de la marine murmurant contre la paix; notre marine à nous étant supposée dans un état déplorable, « ce ministre immoral, avide et personnel, « avec ses dispositions contre une paix qui blesse son arrogance angli- « cane, n'aura rien de sacré, qu'il opinera pour la guerre où il puise- « rait en eau trouble avec l'apparence d'un mérite, en donnant à « l'Angleterre des alliés puissants ». Et envisageant ces multiples causes de doute, le représentant de Versailles n'ose pas se reposer sur la volonté de George III, « les moyens d'un roi d'Angleterre devant se mesurer aux intérêts et se multiplier à la faveur des dépenses et des armements que la guerre nécessite ». Il se fait donc cette question : trouverait-on en ce prince la force convenable pour résister à son ministère, et à sa nation si elle voulait la guerre? Il argue alors des

1783. dernières circonstances, et il écrit : « Ce que nous venons de voir dans « l'élévation de lord Shelburne que le roi haïssait, et dans la chute de « ce ministre qu'il avait fini par aimer et qui a été détruit et remplacé « par une coalition méprisable et méprisée, cet exemple doit effrayer, « si l'on avait besoin d'une volonté ferme de Sa Majesté Britannique. »

Ces explications suivaient une dépêche où M. de Vergennes, qui en avait fait la minute, ne se plaignait pas moins que l'ambassadeur de l'inertie de Fox et du calcul paraissant la dicter. Dans une dernière conférence avec Manchester, le ministre du roi venait de terminer entièrement le traité définitif d'Angleterre et de France. Mais, du côté de l'Espagne, rien n'avançait, quoiqu'on eût semblé en avoir fini avec elle il y avait deux semaines. De même avec les délégués américains. Auprès de ces délégués, Fox avait remplacé Oswald, l'homme de Shelburne, par Hartley, celui de North, et il laissait ce dernier sans ordres; « on lui en annonce qui n'arrivent point, mandait M. de Vergennes, impatienté de retards jugés voulus. Je ne sais pas concilier le désir que M. Fox exprime d'en finir, avec les entraves qu'il semble faire naître à la conclusion. Ce système peut très bien être de lasser notre patience et de nous amener à signer indépendamment de cet allié. Mais j'espère le convaincre par le fait que la nôtre est inépuisable. Si nous avons signé les Préliminaires sans les Hollandais, c'est qu'aucun engagement ne nous liait à eux[1] ».

Fox va pourtant arriver à sortir de l'indécision. Ce n'est point tout de suite et franchement, mais il s'accommode enfin au parti de la paix simultanée telle qu'il est parvenu à en limiter le prix pour la Grande-Bretagne. D'Adhémar le voit d'abord « très effaré » du refus de Versailles de signer sans que les Américains signent de leur côté; il dit que « les articles qui les concernent sont isolés, ne font point partie des Préliminaires, que ce sera l'affaire d'un traité séparé »; puis il se rend, trouve bon que ces articles soient conclus en même temps que

[1] *Angleterre*, t. 543, n° 74.

le traité définitif[1] ». Sur les affaires du Levant, l'ambassadeur n'avait 1783.
jusque-là provoqué que le silence ou des réponses évasives; trois jours après, Fox lui remet une note ministérielle portant que « le roi d'Angleterre est sensible aux démarches dont il a été l'objet en vue d'obtenir une action auprès de la Russie, mais que, dans la position actuelle et jusqu'à ce que les traités définitifs soient signés, il ne trouve opportune aucune intervention de sa part quant aux affaires générales de l'Europe[2] ». Peut-être, sachant n'avoir rien à attendre de ce côté, colorait-il de ce motif sortable l'abstention expectante dans laquelle il s'était tenu, en tout cas comptant sans doute peser par là pour décider M. de Vergennes à conclure la paix sans attendre nos alliés.

Les difficultés avec l'Espagne sont enfin levées entre l'ambassadeur anglais et le comte d'Aranda. Quelque chose reste, ce sont les Hollandais. Le jour même où Fox accouchait, M. de Vergennes avait écrit au duc de Manchester que les médiateurs étaient prêts à prendre connaissance du traité de paix; que du moment où l'accord existait quant aux trois nations France, Espagne, Angleterre, rien ne s'opposait à ce que les clauses en fussent montrées à ces derniers; que l'on pourrait dès lors fixer à un jour prochain une audience commune avec eux dans cette vue. « J'ai grande impatience, lui marquait-il, de « voir les choses au terme heureux où nous pourrons nous féliciter « d'avoir consolidé le bonheur public par la signature du traité définitif[3]. » A la vérité, il lui demandait de presser son gouvernement au sujet des instructions devant permettre au représentant de l'Angleterre d'en terminer à Versailles avec les Hollandais. Manchester et le ministre du roi se renvoient par suite à dix jours; mais alors comme auparavant, les Hollandais arrêtent encore. Le 13 août, Manchester informait le ministre du roi que tout était arrangé avec les Américains,

[1] Rapport du 2 août, en *post-scriptum* daté du 3.

[2] Lettre d'Adhémar du 7 août, où la Note est jointe. (*Angleterre*, t. 543, nos 167, 168.)

[3] *Ibid.*, n° 160.

1783. que l'on signerait avec eux au moment où signeraient l'Angleterre et la France. Il ajoutait que les Hollandais manquaient toujours, mais qu'ayant eu tout le temps de se décider, il n'y avait point lieu de les attendre. En outre, soit de son inspiration personnelle, soit à raison d'un ordre de Fox pour se faire valoir, il disait : « Il ne faut « pas que je vous cache que, par des dépêches reçues hier matin, on « me mande que les divers délais survenus à la signature ont donné « de l'ombrage à ma cour[1]. » C'était toucher M. de Vergennes aux points les plus sensibles, que de paraître ainsi douter, en fin de compte, de la droiture du gouvernement de Versailles et de la sienne. A la fois, c'était de nouveau viser à lui faire abandonner l'allié par lui suscité contre l'Angleterre et qu'il attachait d'autant plus de prix à garder d'elle. Une heure ne s'écoule pas avant qu'il atteste à l'ambassadeur sa satisfaction de la solution acquise avec les Américains, et qu'il le remercie de l'avoir hâtée; mais laisser là les Hollandais, il n'y saurait consentir. On a reproché plus tard à M. de Vergennes d'avoir abandonné ces alliés, tandis qu'il s'évertua à les englober dans les avantages que procurait le moment. Le ministre rappelle qu'il n'a cessé d'insister pour que, de Londres, M. de Manchester fût mis à même d'entrer en pourparlers avec eux; c'a été possible le 10 juillet seulement; leurs représentants n'ont été à même « que hier d'envoyer un courrier pour être autorisés à conclure; aucun retard n'a donc eu lieu dont il soit responsable, et dont la cour de Londres ait juste sujet de prendre ombrage[2] ». Mais cette réponse de courtoisie ne lui suffit point. Il ne reste pas sous cette façon, par trop anglaise, de se disculper de lenteurs intentionnelles en lui en imputant la cause. D'Adhémar avait relaté des propos du même genre, il le met donc au courant par provision, car au point où l'on en est celui-ci devra se taire; pour le cas toutefois où les mêmes insinuations dont Manchester s'est chargé reviendraient à ses oreilles, il lui écrit : « Je ne comprends pas com-

[1] *Angleterre*, t. 544, n° 7. — [2] Versailles, le 13 août. (*Ibid.*, t. 544, n° 8.)

« ment M. Fox a pu s'étonner de ce que j'ai dit à M. de Manchester à 1783.
« l'égard des Hollandais et des Américains. Il a toujours été entendu « que toutes les parties belligérantes feraient leur paix en même temps. « Ainsi je n'ai rien dit de nouveau, et surtout je n'ai rien dit d'ab-« surde[1]. » Il avait d'ailleurs fait davantage. On voit, par sa correspondance avec Madrid, que, dès le 6 août, il informait les plénipotentiaires des Provinces-Unies à Paris que « c'était absolument l'heure de se décider; que si leurs intructions se prêtaient à ce qu'ils prononçassent la cession de Négapatnam, ils le fissent, mais que nous avions intérêt, même la nécessité d'en finir[2] ».

Aussi bien, les plénipotentiaires hollandais ont enfin articulé cette cession. Cette même dépêche de tout à l'heure le fait connaître à d'Adhémar, et le ministre s'en autorise pour ajouter : « Au moyen de « quoi, si M. Fox est de bonne foi, il n'y a plus de difficulté sérieuse « avec la République. Restent deux articles auxquels ces ambassadeurs « n'ont pas osé prendre sur eux de consentir et ont cru devoir expédier « un courrier pour demander des instructions. Il y aurait mauvaise « grâce à ne pas leur accorder quelques jours de délai. Ces observa-« tions convaincront M. Fox que nous avons toujours été conséquents « dans nos procédés comme dans nos principes, et que si la paix n'est « pas encore signée, ce n'est aucunement de notre faute. » A la vérité, si l'impatience vient à présent de Londres, c'est peut-être que l'on n'y répugne guère à ce que la situation demeure indécise avec les Provinces-Unies. Peut-être aussi à cause des visées particulières de Fox; d'Adhémar mandera peu après qu'en l'absence du Parlement celui-ci « s'occupe de déprécier les uns, de gagner les autres », et l'on va voir ce successeur de Shelburne et de Grantham faire de la signature définitive une affaire de bourse[3] : deux raisons pour une de presser. Manchester se sert alors d'Aranda pour peser sur Vergennes. Le 23 août, un billet de l'ambassadeur de Madrid informe le ministre d'instances

[1] Versailles, le 14 août. (*Angleterre*, t. 544, n° 9.) — [2] *Espagne*, t. 611, n° 62. — [3] Rapport d'Adhémar, du 9 septembre. (*Angl.*, t. 544, n° 79.)

1783. de son collègue d'Angleterre pour hâter la terminaison, mais que les Hollandais demandent encore trois semaines. Il fallait bien, finalement, exiger de ces encombrants une solution; Vergennes y apporte du moins tous les tempéraments possibles. Il répond de suite et emploie aussi Aranda. Il indique d'abord à ce dernier cette raison de retard qui est propre à la France: l'Angleterre n'a pas encore acquitté des indemnités stipulées pour des pillages subis par nos nationaux à Saint-Eustache; après cela, il donne l'expresse assurance que non moins que personne il ne souhaite d'en terminer; dès lors, qu'Aranda le fasse entendre aux plénipotentiaires hollandais présents à Paris, qu'il leur dise que la signature ne saurait être différée passé le mois courant, et qu'un courrier devrait être expédié par eux pour le faire savoir à leurs mandants[1]. En quoi Vergennes est absolument sincère. Si l'on veut lui trouver un autre motif que sa droiture propre, il faut le prendre à l'état des affaires entre la Russie et les Turcs. C'est celui dont en même temps il munit Montmorin. Parlant à ce dernier de ces longueurs et lui mandant qu'il aspire à en sortir, il lui écrit: « Je le « souhaiterais d'autant plus, que je voudrais bien n'avoir plus à m'oc- « cuper que des affaires de l'Orient, dont l'aspect devient chaque jour « plus alarmant. » Il a d'ailleurs écrit aussi à d'Adhémar le même jour qu'à Aranda, et, tout à fait positif avec lui, il l'a informé que si de nouveau les Hollandais restent inertes, il demandera à Manchester de constater ministériellement (c'est-à-dire pour y revenir après) les points proposés par sa cour, mais que cependant il attend mieux, les États généraux ayant dû délibérer la veille sur les points en souffrance. Cependant il pressentait peut-être que rien de net n'arriverait encore de leur part, car il continuait: « Assurez M. Fox que je suis au moins « aussi impatient que lui; qu'il en a la preuve par la promptitude avec « laquelle j'ai levé toutes les difficultés qui concernaient la France, et « que je le crois trop éclairé et trop pénétré de ce que se doit une

[1] *Angleterre*, t. 544, n°s 23, 24.

« grande puissance pour ne pas sentir que le roi ne pouvait point « faire la paix sans attendre que les Hollandais fussent en mesure de « terminer de leur côté, ou au moins sans être dans le cas de les con- « stituer dans leur tort[1]. » 1783.

Il fallut prendre le parti de réserver les intérêts de la Hollande. La constatation ministérielle fut écrite entre l'ambassadeur anglais et le ministre du roi. Dans ces entrefaites, les délégués hollandais avaient consenti préliminairement à ce qui leur était proposé; on put alors en finir. Le 3 septembre, les plénipotentiaires des deux Couronnes signent le traité définitif. A peine ses dispositifs différaient de ceux des Préliminaires, et l'on y avait dépensé six mois passés! Sauf son protocole, très étendu; sauf l'addition au texte lui-même du texte des pleins pouvoirs donnés par les Majestés contractantes à leurs représentants, des pleins pouvoirs aussi émanés des Majestés assistant à titre de médiatrices invitées quoiqu'elles n'eussent été en rien effectives; sauf deux « Articles séparés » portant réserve, l'un, de toute contestation quant aux titres attribués aux personnes, l'autre quant à la dérogation apportée à l'usage des cours par l'emploi de la langue française, il n'y avait presque rien que les Préliminaires ne continssent. Dans l'article premier, seulement, une ample formule d'engagement réciproque à observer et à faire observer la paix libellée aux articles d'après; dans l'article second, l'énumération de la série des traités afférents aux deux parties depuis la paix de Westphalie, même celui de 1763, et la déclaration commune d'y rester obéissants et fidèles. En pendant à la déclaration par laquelle Fox avait enfin cessé d'enrayer les négociations, le roi Louis XVI faisait une contre-déclaration précisant, en toute similitude avec les principes ayant inspiré les démarches de ses mandataires, l'esprit dans lequel il accédait aux clauses et s'y conformerait.

Le peu de propension à faire retentir ses actes qui caractérisait le

[1] Versailles, le 24 août. (*Angleterre*, t. 544, n° 40.)

1783. ministre du roi, n'avait été nullement modifié par le conseil de Rayneval au sujet de l'éclat qu'auraient mérité les Préliminaires. A cet acte qui marquait le commencement d'une autre grande paix européenne, M. de Vergennes n'avait pas donné de bruit. La présence maintenant de son plénipotentiaire à côté de lui ne lui en fit pas faire davantage quant à cette grande solution qui, vingt ans après les humiliations de la France (on aurait presque pu dire jour pour jour sans les tiraillements de Fox), la replaçait aux plus hauts rangs [1]. Il n'y voulut pas d'autre résonance que l'effet à attendre de l'avis suivant, inséré en supplément à la *Gazette de France* du 5 septembre :

Le Traité préliminaire de paix entre l'Angleterre et les Provinces-Unies des Pays-Bas a été signé à Paris, le 2 de ce mois. Le lendemain 3 s'est faite également à Paris la signature du traité définitif entre les États-Unis de l'Amérique septentrionale; le même jour, les traités définitifs entre le roi d'Espagne et le roi d'Angleterre, et entre Sa Majesté et Sa Majesté Britannique, ont eu lieu à Versailles.

Mais le ministre de Louis XVI était attentif aux convenances diplomatiques. Plus essentiellement désireux aussi de laisser sa trace dans les faits que d'y chercher une passagère occasion de fracas, en exprimant immédiatement à Fox le sentiment d'une satisfaction poliment supposée commune il marquait, une nouvelle fois, l'inspiration qui l'avait dirigé dans la politique, osée et patiente avec tant de suite, que consacrait ce traité de Versailles unissant désormais les deux cours. Hartley retournant à Londres, il le chargea d'une lettre pour le secrétaire d'État du roi George [2], « afin, écrivait-il à d'Adhémar [3], de me féliciter avec lui de la signature de nos traités définitifs ». Et il continuait par ceci, dont les événements ont presque fait une prédiction : « Et je vous prie d'y ajouter les assurances les plus affirma- « tives du désir que j'ai de contribuer en tout ce qui peut dépendre

[1] Le traité de Paris de 1763 porte la date du 10 février. — [2] *Angleterre*, t. 544, n° 75; en minute de la main du ministre. — [3] *Ibid.*, n° 77.

« de mes soins à resserrer et à rendre inviolable la bonne intelligence 1783.
« qui vient de s'établir entre nos nations..... Si la France et l'Angle-« terre s'entendent, leur poids réuni sera d'un grand effet pour le « bonheur public comme pour le leur propre. Si elles se divisent, elles « ne seront que l'instrument actif des passions d'autrui, et elles achè-« veront de s'épuiser pour se créer des rivaux qui bientôt leur feront « sentir toute la force de leur ascendant. » Fox, lui, fut tardif. C'est en réponse uniquement qu'il prit la plume, et il pensa faire assez que d'annoncer alors à M. de Vergennes ce qui s'était effectué avec les Hollandais le 2, avec l'Espagne et les États-Unis après, en se disant, comme par occasion, « heureux de la confection tant désirée de cet « ouvrage dont l'accomplissement avait si longtemps réuni les vœux « des deux cours pour le bien de l'humanité[1] ». En réalité, plus pressé de tirer parti du fait pour son intérêt propre, il avait, à peine informé que l'on devait signer à Versailles le 3, annoncé officiellement la paix au lord maire de Londres, adressé la même communication à tout le corps diplomatique. « On avait hâte de produire une grande hausse des fonds », mandait à ce sujet d'Adhémar[2]. Aussi nos Affaires étrangères ne modifiaient point dans un sens favorable les appréciations sur le ministre anglais, que leur avaient causées les mois à se morfondre devant ses indécisions ou ses échappatoires. Le 19 septembre, était dressé et signé avec Manchester le procès-verbal constatant l'échange des ratifications du Traité; mais la veille M. de Vergennes avait, sans nulle hésitation, signé également l'expédition d'une dépêche à notre ambassadeur, rédigée par Rayneval, où rien ne se trouvait à la louange de Fox[3]. Elle imputait ouvertement la hâtive divulgation de la paix à l'intention, chez lui, d'empêcher que Versailles ne proposât un nouveau délai en faveur des Hollandais. Constatant, en conséquence, que Fox avait ainsi raisonné à l'inverse de ce qu'il aurait pu le faire parce qu'il était « méfiant et cauteleux par caractère », elle ajoutait : « Cette

[1] *Angleterre*, t. 544, n° 83 : « St-James, 6 septembre, à 11 heures du soir ». — [2] *Ibid.*, n° 79; rapport du 6 septembre. — [3] *Ibid.*, n° 113.

IMPRIMERIE NATIONALE.

1783. « réflexion m'afflige parce que je prévois que nous serons forcés d'être « constamment sur nos gardes, et de beaucoup ergotter dans toutes les « affaires que nous aurons à traiter avec lui; les circonstances actuelles « auraient exigé un ministre anglais plus confiant, et surtout plus « pénétré que ne l'est M. Fox des véritables intérêts de sa patrie : je « crains bien que l'affaire du Levant ne nous mette souvent dans le « cas de faire cette dernière réflexion. »

Le 27 septembre seulement, Fox, voulant accréditer à Versailles un nouveau secrétaire d'ambassade, le charge pour M. de Vergennes d'une lettre où était sensible le désir de dépasser par les flatteries les prévenances du ministre du roi[1]. Encore ne s'y retenait-il pas de laisser percer, sous les gracieusetés les plus cherchées, le peu de satisfaction qu'il avait de la paix. « . . . . . Vous êtes trop éclairé, Monsieur, « pour ne pas sentir que, tout bien considéré, ce n'est qu'avec beau- « coup de ménagement que je peux m'exprimer au sujet de la paix « qu'on vient de conclure. Mais c'est sans la moindre difficulté que « j'ose assurer votre Excellence que je ne cède ni à ceux qui ont approuvé « les Préliminaires, ni à personne, dans mon désir sincère de main- « tenir l'harmonie la plus parfaite entre nos deux nations. Les années « qui viennent de s'écouler ont été signalées par bien des événements « pour la France que beaucoup de monde avaient cru impossibles. « Ajoutez-y celui d'une paix solide et durable, et, sans déroger au « passé, ce sera le plus beau de tous ceux qui ont marqué l'époque de « votre ministère. Dans tout ce qui pourra contribuer à cet objet, « l'on vous secondera d'ici, Monsieur, avec le zèle le plus animé. » Fox ne tarderait pas à se voir dispensé de montrer, lui, ce grand zèle. Le ministère, qu'il avait tant voulu occuper, devait passer soudain aux mains de ce jeune Pitt, dont les propensions quant au

[1] C'est le secrétaire d'ambassade Storer, désigné en remplacement du jeune Maddisson, promptement décédé à Paris. Une copie de cette lettre se trouve : *Angleterre, Suppléments*, tome 29, fol. 163. Du premier au dernier mot, l'exagération de la louange la caractérise.

« commerce » lui avaient si peu paru conformes aux intérêts de l'Angleterre. Fox laisserait d'ailleurs à ce successeur, de portée merveilleusement précoce, le legs embarrassant de résoudre, au milieu des préjugés remis en éveil, le problème, accepté avec empressement par Shelburne, d'établir suivant les idées modernes les rapports économiques futurs entre les deux pays et, par eux, entre les autres nations du monde[1]. Par ce règne à peine d'une année au *Foreign Office,* Fox avait remis sur pied toutes les préventions anglaises. Elles rendirent aussi laborieux qu'encore insuffisants les « arrangements de commerce » spécifiés dans l'article 18 du Traité de paix. Qui plus est, ces « arrangements » ne purent être achevés et signés qu'en 1786. 1783.

[1] Le texte du Traité et celui de la Contre-Déclaration du roi sont les annexes du présent chapitre. Quant au Traité, nous avons reproduit le texte sorti de l'Imprimerie royale, lequel est d'ailleurs exactement celui du manuscrit arrêté dans les conférences avec Manchester. — Cinq des vingt-quatre articles étant conformes à ceux des Préliminaires cotés sous les mêmes numéros, nous ne les avons pas retranscrits; nous sommes borné à renvoyer, en ce qui les concerne, au texte du précédent document.

ANNEXE DU CHAPITRE IX.

TRAITÉ DE PAIX ENTRE LE ROI ET LE ROI DE LA GRANDE-BRETAGNE CONCLU À VERSAILLES LE 3 SEPTEMBRE 1783[1].

Louis, par la grâce de Dieu, Roi de France et de Navarre : A tous ceux qui ces présentes verront, salut. Comme notre très cher et bien aimé Comte de Vergennes, Conseiller en tous nos Conseils, Commandeur de nos Ordres, Chef de notre Conseil royal des finances, Conseiller d'État d'épée, Ministre et secrétaire d'État de nos commandements et Finances, en vertu du plein-pouvoir que nous lui avons donné, aurait conclu, arrêté et signé, le 3 du présent mois de septembre, à Versailles, avec le Sieur Duc et Comte de Manchester, Conseiller privé actuel de notre très cher et très aimé frère le roi de la grande Bretagne et son ambassadeur extraordinaire et plénipotentiaire près de nous, également muni de son plein-pouvoir, le traité définitif de paix et les articles séparés dont la teneur s'ensuit :

Au nom de la très-sainte et indivisible trinité, Père, Fils et Saint-Esprit, ainsi soit il.

Soit notoire à tous ceux à qui il appartiendra ou peut appartenir en manière quelconque. Le sérénissime et très-puissant prince Louis XVI, par la grace de Dieu, roi très-chrétien de France et de Navarre; et le sérénissime et très-puissant prince George III, par la grace de Dieu roi de la Grande-Bretagne, duc de Brunswick et de Lunebourg, Archi-Trésorier et Électeur du Saint Empire Romain, désirant également de faire cesser la guerre qui affligeait depuis plusieurs années leurs États respectifs, avaient agréé l'offre que Leurs Majestés l'Empereur des Romains et l'Impératrice de toutes les Russies leur avaient faite de leur entremise et de leur médiation. Mais Leurs Majestés Très-Chrétienne et Britannique, animées du désir mutuel d'accélérer le rétablissement de la paix, se sont communiqué leur louable intention, et le ciel l'a tellement bénie qu'elles sont parvenues à poser les fondements de la paix en signant des articles préliminaires à Versailles, le 20 janvier de la présente année.

Leurs Majestés le roi Très-Chrétien et le roi de la Grande-Bretagne, se faisant

[1] A Paris, de l'Imprimerie royale, M DCC LXXXIII (35 pages in-4°). [*Angleterre*, t. 544.]

un devoir de donner à Leurs Majestés Impériales une marque éclatante de leur reconnaissance de l'offre généreuse de leur médiation, les ont invitées à concourir à la consommation du grand et salutaire ouvrage de la paix en prenant part comme médiateurs au traité définitif à conclure entre Leurs Majestés Très-Chrétienne et Britannique. Leurs dites Majestés ont bien voulu agréer cette invitation et ont nommé pour les représenter, savoir :

Sa Majesté l'Empereur des Romains, le très-illustre et très-excellent seigneur Florimond, comte de Mercy-Argenteau, vicomte de Loo, baron de Cricheyné, chevalier de la Toison d'Or, chambellan, conseiller d'État intime actuel de Sa Majesté Impériale et Royale apostolique, et son Ambassadeur près Sa Majesté Très-Chrétienne; Et Sa Majesté l'Impératrice de toutes les Russies, le très-illustre et très-excellent seigneur Prince Ivan Bariatinskoi, Lieutenant général des armées de Sa Majesté Impériale de toutes les Russies, son ministre plénipotentiaire près Sa Majesté Très-Chrétienne, chevalier des Ordres de Sainte Anne et de l'épée de Suède; et le seigneur Acardi de Marcoff, conseiller d'État de Sa Majesté Impériale de toutes les Russies, et son Ministre plénipotentiaire près Sa Majesté Très-Chrétienne.

En conséquence leurs dites Majestés le roi Tres-Chrétien et le roi de la Grande-Bretagne ont nommé et constitué pour leurs plenipotentiaires chargés de conclure et de signer le traité de paix définitif : savoir, le roi Très-Chretien, le très-illustre et très-excellent seigneur Charles Gravier, comte de Vergennes, baron de Welferding, etc., conseiller du roi en tous ses conseils, Commandeur de ses ordres, conseiller d'État d'épée, ministre et secrétaire d'État et des commandements et finance de Sa dite Majesté, ayant le département des Affaires étrangères; le roi de la Grande-Bretagne, le très-illustre et très-excellent seigneur George, duc de Manchester.

Lesquels, après s'être dûment communiqué leurs pleins-pouvoirs en bonne forme, sont convenus des articles dont la teneur suit :

ARTICLE PREMIER.

Il y aura une paix chrétienne, universelle et perpétuelle tant par mer que par terre, et une amitié sincère et constante sera rétablie entre Leurs Majestés Très-Chrétienne et Britannique et entre leurs héritiers et successeurs, royaumes, États, provinces, pays, sujets et vassaux de quelque qualité et condition qu'ils soient, sans exception de lieux ni de personnes; en sorte que les hautes parties contractantes apporteront la plus grande attention à maintenir entre elles et leurs susdits États et sujets cette amitié et correspondance réciproques, sans permettre dorénavant que de part ni d'autre on commette aucune sorte d'hostilité par mer ou par terre, pour quelque cause et sous quelque prétexte que ce puisse être; et on évitera soigneusement tout ce qui pourrait altérer à l'avenir l'union heureusement rétablie, s'attachant au contraire à se procurer réciproquement, en toute occasion, tout ce qui pourrait contribuer à leur gloire, intérets et avantages mutuels, sans donner aucun secours ou protection, directement ou indirectement, à ceux qui voudraient porter quelque préjudice à l'une ou à l'autre desdites hautes parties contractantes. Il y aura un oubli et amnistie générale de tout ce qui a pu être fait ou commis avant ou depuis le commencement de la guerre qui vient de finir.

ART. 2.

Les traités de Westphalie de 1648, les traités de Nimègue de 1768 et 1769, de Riswick de 1697, ceux de paix et de commerce d'Uthrecht de 1713, celui de Baden de 1714, le traité de la triple alliance de La Haye de 1717, celui de la quadruple alliance de Londres de 1718, le traité de paix de Vienne de 1738, le traité définitif d'Aix-la-Chapelle de 1748 et celui de Paris de 1763 servent de base et de fondement à la paix et au présent traité; et pour cet effet ils sont tous renouvelés et confirmés dans la meilleure forme ainsi que tous les traités en général qui subsistaient entre les Hautes parties contractantes avant la guerre, et comme s'ils étaient insérés ici mot à mot; en sorte qu'ils devront être observés exactement à l'avenir dans toute leur teneur et religieusement exécutés de part et d'autre dans tous les points auxquels il n'est pas dérogé par le présent traité de paix.

ART. 3.

Tous les prisonniers faits de part et d'autre, tant par terre que par mer, et les otages enlevés ou donnés pendant la guerre et jusqu'à ce jour, seront restitués sans rançon dans six semaines au plus tard, à compter du jour de l'échange de la ratification du présent traité; chaque Couronne soldant respectivement les avances qui auront été faites pour la subsistance et l'entretien de ses prisonniers, par le souverain du pays où ils auront été détenus, conformément aux reçus et états constatés et autres titres authentiques qui seront fournis de part et d'autre; et il sera donné réciproquement des suretés pour le payement des dettes que les prisonniers auront pu contracter dans les États où ils avaient été détenus jusqu'à leur entière liberté : et tous les vaisseaux tant de guerre que marchands qui auraient été pris depuis l'expiration des termes convenus pour la cessation des hostilités par mer seront pareillement rendus de bonne foi avec tous leurs équipages et cargaisons; et on procédera à l'exécution de cet article immédiatement après l'échange des ratifications de ce traité.

ART. 4.

Sa Majesté le roi de la Grande-Bretagne est maintenue dans la propriété de l'île de Terre-Neuve et des îles adjacentes, ainsi que le tout lui a été assuré par le traité d'Utrecht, à l'exception des îles de Saint-Pierre et Miquelon, lesquelles sont cédées en toute propriété par le présent traité à Sa Majesté Très-Chrétienne.

ART. 5.

Sa Majesté le roi Très-Chrétien, pour prévenir les querelles qui ont eu lieu jusqu'à présent entre les deux nations Française et Anglaise, consent à renoncer au droit de pêche qui lui appartient en vertu de l'article XIII submentionné du traité d'Utrecht, depuis le cap Bonavista jusqu'au cap Saint-Jean, situé sur la côte orientale de Terre-Neuve par les cinquante degrés de latitude septentrionale; et Sa Majesté le roi de la Grande-Bretagne consent, de son côté, que la pêche assignée à Sa Majesté Tres-chrétienne, commençant au dit cap Saint Jean, passant par le nord et descendant par la côte orientale de l'Ile de Terre-Neuve s'étende jusqu'à l'endroit appelé *Cap-raye*, situé au quarante-septième degré cinquante minutes de latitude.

Les pêcheurs français jouiront de la pêche qui leur est assurée par le présent article, comme ils ont eu droit de jouir de celle qui leur est assignée par le traité d'Utrecht.

ART. 6.

A l'égard de la pêche dans le golfe de Saint-Laurent, les Français continueront à l'exercer conformément à l'article V du traité de Paris.

ART. 7.

Le roi de la Grande-Bretagne restitue à la France l'île de Sainte-Lucie dans l'état où elle s'est trouvée lorsque les troupes britanniques en ont fait la conquête, et Sa Majesté Britannique cède et garantit à Sa Majesté tres Chrétienne l'île de Tabago. Les habitants protestants de la dite île, ainsi que ceux de la même religion qui se sont établis à Sainte Lucie pendant que cette île était occupée par les armes britanniques, ne seront point troublés dans l'exercice de leur culte, et les habitants britanniques ou autres qui auraient été sujets du roi de la Grande-Bretagne dans les susdites îles conserveront leurs propriétés aux mêmes conditions auxquelles ils les ont acquises, ou bien ils pourront se retirer en toute sûreté et liberté où bon leur semblera, et auront la faculté de vendre leurs biens, pourvu que ce soit à des sujets de Sa Majesté Tres chretienne, et de transporter leurs effets ainsi que leur personne, sans être gênés dans leur émigration sous quelque prétexte que ce puisse être, hors celui de dettes ou de procès criminel. Le terme limité pour cette émigration est fixé à l'espace de dix-huit mois à compter du jour de l'échéance du présent traité. Et pour d'autant mieux assurer les propriétés des habitants de la susdite île de Tabago, le roi Très-Chrétien donnera des lettres patentes portant abolition du droit d'aubaine dans ladite île.

ART. 8.

Le Roi Très-Chrétien restitue à la Grande-Bretagne les îles de La Grenade et Les Grenadins, Saint-Vincent, La Dominique, Saint-Christophe, Névis et Montferrat; les places en seront rendues en l'état où elles étaient avant la conquête; les mêmes stipulations insérées dans l'article précédent auront lieu en faveur des habitants Français à l'égard des îles dénommées dans le présent article.

ART. 9.

Le roi de la Grande-Bretagne cède en toute propriété et garantit à Sa Majesté Très-Chrétienne la rivière du Sénégal et ses dépendances, avec les forts Saint-Louis, Podor, Galam, Arguin et Portendick, et restitue à la France l'île de Gorée, laquelle sera rendue en l'état où elle se trouvait lorsque la conquête en a été faite.

ART. 10.

Le roi Très-Chrétien garantit de son côté au roi de la Grande-Bretagne la possession du fort Saint-James et de la rivière de Gambie.

ART. 11.

Pour prévenir toute discussion dans cette partie du Monde, les deux Hautes parties contractantes nommeront, dans les trois mois après l'échange des ratifications du présent traité, des commissaires, lesquels seront chargés de déterminer et fixer les bornes des possessions respectives. Quant à la traite de la gomme, les Anglais auront la liberté de la faire depuis l'embouchure de la rivière de Saint Jean jusqu'à la baie et fort de Portendick inclusivement; bien entendu qu'ils ne pourront faire dans la rivière de Saint Jean, ainsi que dans la baie de Portendick, aucun établissement permanent, de quelque nature que ce soit.

ART. 12.

Pour ce qui est du reste des côtes d'Afrique, les sujets Français et Anglais continueront à les fréquenter suivant l'usage qui a eu lieu jusqu'à présent.

ART. 13.

Le roi de la Grande Bretagne restitue à Sa Majesté Très-Chrétienne tous les établissements qui lui appartenaient au commencement de la guerre présente sur la côte d'Orixa et dans le Bengale, avec la liberté d'entourer Chandernagor d'un fossé pour l'écoulement des eaux; et Sa Majesté Britannique s'engage à prendre les mesures qui seront en son pouvoir pour assurer aux sujets de la France, dans cette partie de l'Inde, comme sur les côtes d'Orixa, de Coromandel et de Malabar, un commerce sûr, libre et indépendant, tel que le faisait la compagnie française des Indes orientales, soit qu'ils le fassent individuellement ou en corps de compagnie.

ART. 14.

(*Même rédaction que celle des Articles préliminaires portant ce numéro.*)

ART. 15.

(*Même rédaction que celle des Articles préliminaires portant ce numéro.*)

ART. 16.

Les ordres ayant été envoyés dans l'Inde par les Hautes parties contractantes en conformité de l'article 16 des Préliminaires, il est convenu de nouveau que si dans le terme de quatre mois les alliés respectifs de Leurs Majestés Tres-Chretienne et Britannique n'ont pas accédé à la présente pacification, ou fait leur accommodement séparé, Leurs dites Majestés ne leur donneront aucune assistance directe ou indirecte contre les possessions françaises ou Britanniques, ou contre

IMPRIMERIE NATIONALE.

les anciennes possessions de leurs alliés respectifs, telles qu'elles se trouvaient en l'année 1776.

ART. 17.

(Au sujet de Dunkerke.)

(Même rédaction que celle des Préliminaires, si ce n'est qu'il est parlé au présent au lieu du futur.)

ART. 18.

Aussitôt après l'échange des ratifications, les deux Hautes Parties contractantes nommeront des commissaires pour travailler à de nouveaux arrangemens de commerce entre les deux nations, sur le fondement de la réciprocité et de la convenance mutuelle, lesquels arrangemens devront être terminés et conclus dans l'espace de deux ans à dater du 1er janvier 1784.

ART. 19.

Tous les pays et territoires qui pourraient avoir été conquis ou qui pourraient l'être dans quelque partie du monde que ce soit par les armes de Sa Majesté Très-Chrétienne ou par celles de Sa Majesté Britannique, et qui ne sont compris dans les présents Articles ni à titre de cession, ni à titre de restitution, seront rendus sans difficulté et sans exiger de compensation.

ART. 20.

Comme il est nécessaire d'assigner une époque fixe pour les restitutions et évacuations à faire par chacune des Hautes Parties contractantes, il est convenu que le roi de la Grande-Bretagne fera évacuer les îles Saint-Pierre et Miquelon trois mois après la ratification du présent traité, ou plus tôt si faire se peut, Sainte Lucie aux Antilles et Gorée en Afrique trois mois après la ratification du présent traité, ou plus tôt si faire se peut.

Le roi de la Grande-Bretagne rentrera également en possession au bout de trois mois après la ratification du présent traité, ou plus tôt si faire se peut, des îles de La Grenade et Les Grenadins, Saint Vincent, Nevis et Montferrat.

La France sera mise en possession des villes et comptoirs qui lui sont restitués aux Indes orientales et des territoires qui lui sont procurés pour servir d'arrondissement à Pondichery et à Karical, six mois après la ratification du présent traité, ou plus tôt si faire se peut. La France remettra au bout du même terme de six mois les villes et territoires dont ses armes se seraient emparées sur les Anglais ou sur leurs alliés dans les Indes orientales.

En conséquence de quoi les ordres nécessaires seront envoyés par chacune des Hautes Parties contractantes, avec des passeports réciproques pour les vaisseaux qui les porteront immédiatement après la ratification du présent traité.

ART. 21.

La décision des prises et des saisies faites antérieurement aux hostilités sera remise aux cours de justice respectives, de sorte que la validité desdites prises et saisies sera décidée selon le droit des gens et les traités dans les cours de justice de la nation qui aura fait la capture ou ordonné les saisies.

ART. 22.

(*Même rédaction qu'aux Préliminaires.*)

ART. 23.

Leurs Majestés Très-Chrétienne et Britannique promettent d'observer et de bonne foi les articles contenus et établis dans le présent traité, et elles ne souffriront pas qu'il y soit fait de contravention directe ou indirecte par leurs sujets respectifs, et les susdites Hautes Parties contractantes se garantissent généralement et réciproquement toutes les stipulations du présent traité.

ART. 24.

Les ratifications solennelles du présent traité, expédiées en bonne et due forme, seront échangées en cette ville de Versailles dans l'espace d'un mois ou plus tôt si c'est possible, à compter de la signature du présent traité.

En foi de quoi, nous soussignés, leurs ambassadeurs extraordinaires et ministres plénipotentiaires, avons signé de notre main en leur nom, et en vertu de nos pleins-pouvoirs respectifs, le présent traité définitif et y avons fait apposer le cachet de nos armes.

Fait à Versailles, le trois septembre mil sept cent quatre vingt trois.

GRAVIER DE VERGENNES. MANCHESTER.

ARTICLES SÉPARÉS.

I

Quelques-uns des titres employés par les puissances contractantes, soit dans les pleins-pouvoirs et autres actes pendant le cours de la négociation, soit dans le préambule du présent traité, n'étant pas généralement reconnus, il a été convenu qu'il ne pourrait jamais en résulter aucun préjudice pour l'une ni pour l'autre des dites parties contractantes, et que les titres pris ou omis de part et d'autre à l'occasion de la dite négociation et du présent traité ne pourront être cités ni tirer à conséquence.

II

Il a été convenu et arrêté que la langue Française employée dans tous les exemplaires du présent traité ne formera point un exemple qui puisse être allégué ni tiré à conséquence, ni porter préjudice en aucune manière à l'une ni à l'autre des puissances contractantes, et que l'on se conformera à l'avenir à ce qui a été observé et doit être observé à l'égard et de la part des puissances qui sont en usage et en possession de donner et de recevoir de semblables traités en une autre langue que la Française, le présent traité ne laissant pas d'avoir la même force et vertu que si ledit usage y avait été observé.

En foi de quoi, nous soussignés, Ambassadeur extraordinaire et ministres plénipotentiaires de leurs Majestés Tres-Chretienne et Britannique, avons signé les présens articles séparés, et y avons fait apposer le cachet de nos armes.

Fait à Versailles, le trois septembre mil sept cent quatre vingt trois.

GRAVIER DE VERGENNES. MANCHESTER.

Nous, ayant agréables les susdits traité définitif de paix et articles séparés, en tous et chacun les points et articles qui y sont contenus et déclarés, avons iceux, tant pour nous que pour nos héritiers, successeurs, royaumes, pays, terres, seigneuries et sujets, accepté et approuvé, ratifié et confirmé, et par ces présentes signées de notre main, acceptons, approuvons, ratifions et confirmons; et le tout promettons en foi et parole de roi, sous l'obligation et hypothèque de tous et un chacun de nos biens présens et avenir, garder et observer inviolablement, sans jamais aller ni venir au contraire directement ou indirectement, en quelque sorte et manière que ce soit. En témoin de quoi, nous avons fait mettre notre scel à ces présentes.

Donné à Versailles, le dix huitième jour du mois de septembre, l'an de grace mil sept cent quatre vingt trois, et de notre règne le dixième.

Signé LOUIS; et plus bas : Par le roi, LA CROIX, M[al] DE CASTRIES.

Scellé du grand sceau de cire jaune, sur lacs de soie bleue tressés d'or, le sceau renfermé dans une boîte d'argent sur le dessus de laquelle sont empreintes et gravées les armes de France et de Navarre sous un pavillon royal soutenu par deux anges.

[A la suite du traité sont reproduits :

L'acte de médiation de l'Empereur, représenté par le comte de Mercy-Argenteau;

L'acte de médiation de l'Impératrice de toutes les Russies, représentée par le prince Ivan Bariatinski et par le seigneur Acardi de Marcoff;

Puis les pleins pouvoirs du roi au comte de Vergennes;

Enfin, en latin, les pleins pouvoirs donnés par le roi de la Grande-Bretagne, ceux donnés par l'Empereur, ceux donnés par l'Impératrice de toutes les Russies.]

Angleterre, t. 544, n° 72.

DÉCLARATION DU ROI D'ANGLETERRE.

[Cette pièce n'a pas été trouvée, aux archives du quai d'Orsay, soit dans la *Correspondance*, soit dans le dossier du Traité de paix. On l'a cherchée de même en vain au *Record Office* de Londres. Étant ainsi hors de sa place aux deux endroits, nous n'avons pas pu nous en procurer et nous ne pouvons en transcrire le texte original. Mais un extrait en a été imprimé dans les *British and foreign State Papers* publiés par le *Foreign Office* en 1841. Cet extrait concerne uniquement la question de Terre-Neuve. Comme ç'avait été la plus débattue, l'essentielle du Traité, c'est la seule sur laquelle le roi de France, dans sa Contre-Déclaration, vise la Déclaration du roi d'Angleterre. L'extrait publié dans les *State Papers* peut donc être reproduit ici avec l'assurance qu'il présente la partie de l'acte principale à son moment. Dans le recueil anglais, la traduction en français fait regard au texte britannique; la voici textuellement.]

EXTRAIT.

Le roi, étant entièrement d'accord avec Sa Majesté Très-Chrétienne sur les Articles du Traité définitif, cherchera tous les moyens qui pourront non seulement en assurer l'exécution avec la bonne foi et la ponctualité qui lui sont connues, mais de plus donnera, de son côté, toute l'efficacité possible aux principes qui empêcheront jusqu'au moindre germe de dispute à l'avenir.

A cette fin, et pour que les pêcheurs des deux nations ne fassent point naître des querelles journalières, Sa Majesté Britannique prendra les mesures les plus positives pour prévenir que ses sujets ne troublent en aucune manière, par leur concurrence, la Pêche des François, pendant l'exercice temporaire qui leur est accordé, sur les côtes de l'Île de Terre-Neuve; et Elle fera retirer, à cet effet, les établissemens sédentaires qui y seront formés. Sa Majesté Britannique donnera des ordres pour que les Pêcheurs François ne soient pas gênés dans la coupe de bois nécessaire pour la réparation de leurs échaffaudages, cabanes, et bâtimens de Pêche.

L'Article XIII du Traité d'Utrecht, et la méthode de faire la Pêche qui a été de tout tems reconnue, sera le modèle sur lequel la Pêche s'y fera. On n'y contreviendra pas, ni d'une part, ni de l'autre; les Pêcheurs François ne bâtissant rien que leurs échaffaudages, se bornant à réparer leurs Bâtimens de Pêche, et n'y hivernant point; les sujets de Sa Majesté Britannique, de leur part, ne molestant aucunement les Pêcheurs François durant leurs Pêches, ni ne dérangeant leurs échaffaudages durant leur absence.

Le Roi de la Grande Bretagne, en cédant les Îles de Saint-Pierre et de Miquelon à la France, les regarde comme cédées à fin de servir réellement d'abri aux Pêcheurs François, et dans la confiance entière que ces possessions ne deviendront point un objet de jalousie entre les deux Nations; et que la Pêche entre les dites Îles et celle de Terreneuve sera bornée à mi-canal.

Donné à Versailles, le 3 septembre 1883.

MANCHESTER.

British and foreign State Papers, 1812-1814, t. I, p. 425. (Londres 1841.)

CONTRE-DÉCLARATION DU ROI.

Les principes qui ont dirigé le roi dans tout le cours des négociations qui ont précédé le rétablissement de la paix ont dû convaincre le roi de la Grande-Bretagne que Sa Majesté n'a eu d'autre but que de la rendre solide et durable, en prévenant autant qu'il est possible, dans les quatre parties du monde, tout sujet de discussion et de querelles.

Le roi de la Grande-Bretagne met indubitablement trop de confiance dans la droiture des intentions de Sa Majesté pour ne point se reposer sur l'attention constante qu'Elle aura d'empêcher que les îles Saint Pierre et Miquelon ne deviennent un objet de jalousie entre les deux nations.

Quant à la pêche sur les côtes de Terre Neuve, qui a été l'objet de nouveaux arrangements dont les deux souverains sont convenus sur cette matière, elle est suffisamment exprimée par l'article V du traité de paix signé cejourd'hui et par la déclaration remise également cejourd'hui par l'ambassadeur extraordinaire de Sa Majesté, et Sa Majesté déclare qu'elle est pleinement satisfaite à cet égard.

Pour ce qui est de la pêche entre l'île de Terre-Neuve et celles de Saint Pierre et Miquelon, elle ne pourra se faire que jusqu'à mi-canal, et Sa Majesté donnera les ordres les plus précis pour que les pêcheurs français n'outrepassent point cette ligne. Sa Majesté est dans la ferme confiance que le roi de la Grande Bretagne donnera de pareils ordres aux pêcheurs anglais.

Le désir du roi de maintenir la paix comprend l'Inde aussi bien que les autres parties du Monde; ainsi Sa Majesté Britannique peut être assurée que Sa Majesté ne permettra jamais qu'un objet aussi inoffensif et aussi innocent que le fossé dont il s'agit d'entourer Chandernagor puisse donner de l'ombrage à la cour de Londres.

Le roi, en proposant de nouveaux arrangements de commerce, n'a d'autre but que de rectifier, d'après les règles de la réciprocité et d'après la convenance mutuelle, ce que le traité de commerce signé à Utrecht en 1713 peut renfermer de défectueux; le roi de la Grande Bretagne peut juger par là que l'intention de Sa Majesté n'est aucunement de détruire toutes les stipulations renfermées dans le dit traité; Elle déclare au contraire dès à présent qu'Elle est disposée à maintenir tous les privilèges, facilités et avantages énoncés dans ce même traité en tant qu'ils seront réciproques ou qu'ils seront remplacés par des avantages équivalents. C'est pour parvenir à ce but désiré de part et d'autre que des commissaires seront nommés pour travailler sur l'état du commerce entre les deux nations, et qu'il sera accordé un espace de temps considérable pour achever leur travail. Sa Majesté se flatte que cet objet sera saisi avec la même bonne foi et avec le même esprit de conciliation qui ont présidé à la rédaction de tous les autres points renfermés dans le traité définitif; et Sa dite Majesté est dans la ferme confiance que les commissaires respectifs apporteront la plus grande célérité à la confection de cet important ouvrage.

Donné à Versailles, le 3 septembre 1783.

Angleterre, t. 544, n° 71.

CHAPITRE X.

L'ÉCHO DE LA PAIX CHEZ NOS ALLIÉS.
LE COMTE DE VERGENNES.

Peu de considération montrée aux États-Unis par l'Angleterre, malgré l'empressement de leurs mandataires à traiter à notre insu. — Pourquoi M. de Vergennes suit envers eux une politique différente; ce qu'il fait pour eux; déclaration de fidélité à l'alliance signée par ces mandataires. — Impression produite au Congrès par la nouvelle de la paix; rectitude des sentiments de cette assemblée pour la France, malgré les efforts contraires; rapports de La Luzerne et informations parvenues à Franklin; explications de Versailles. — Nécessité de clore les demandes de subsides des Américains; opinion exprimée à cette occasion par le ministre du roi. — Franklin rétablit la vérité sur ses dissentiments avec ses collègues dans la conduite envers nous; son rapport au ministre des Affaires extérieures du Congrès; comment Jay et Adams répondent à sa sommation de démentir les imputations par eux portées contre lui. — L'Espagne; peu de crédit qu'elle aurait trouvé à se plaindre des résultats de la paix; soins de M. de Vergennes à panser la blessure de Charles III; égards montrés à ce monarque au sujet de l'acceptation par Aranda des conditions de l'Angleterre. — Les Hollandais; leur promptitude à récriminer; attentions constantes qu'avait eues, au contraire, le ministre du roi pour les sauver de la rancune de l'Angleterre; que les embarras à leur sujet étaient venus d'eux; que le ministre ne pouvait, pour eux, se refuser à la paix; qu'il les a préservés, après, tant qu'il a vécu. — Certitude de la solidité de la paix; modestie reconnue à M. de Vergennes dans les manifestations qu'elle méritait; satisfactions uniquement morales qu'il recherchait. — Peu que valaient à ses yeux les influences de cour; prix attaché par lui à l'estime d'hommes comme les lords Grantham et Shelburne; conceptions politiques qui leur étaient communes. — L'abbé Morellet; lettre du ministre à lord Shelburne, au moment aigu des affaires du Levant; réponse de ce dernier. — Ce que le Traité de paix rendait matériellement à la France et, par elle, moralement à l'Europe.

1783. Les hommes, déjà des politiciens, qui s'étaient fait envoyer en Europe par le Congrès sous le prétexte de venir aider ou suppléer Franklin, n'avaient pas, en signant sans nous le dire la paix avec l'Angleterre, conquis de considération à leur pays. Tout reconnu qu'il fût comme nation nouvelle, il n'entrerait pas de longtemps dans les bonnes grâces de son ancienne métropole. Les lords Shelburne et Grantham ne s'étaient point retenus d'accueillir les avantages d'une

intrigue de sous-ordres, venue soudain les favoriser à propos. Ils 1783.
avaient même accordé aux Américains des avantages commerciaux considérables, de sorte que voire après les assurances transmises par Rayneval on pouvait, à Versailles, leur croire l'intention de se servir ultérieurement des États-Unis contre nous. Les instructions libellées pour le comte d'Adhémar se rendant à Londres, appelaient avec développement son attention de ce côté. C'était pourtant avec vérité que ces ministres avaient, par leurs paroles, montré à Rayneval qu'ils ne gardaient pas gratitude de la félonie dont ils avaient profité. Leurs successeurs en marquèrent moins qu'eux encore. Aussitôt que les journaux de Londres eurent reproduit la lettre mémorable de Washington résiliant aux mains du Congrès les pouvoirs qu'il en avait reçus, on s'ingénia, dans le milieu dont Fox s'efforçait de se poser l'organe, à utiliser l'impression que causait cette pièce pour produire des divisions dans les anciennes Colonies. D'Adhémar fait connaître à son gouvernement les soins que l'on se donne pour exciter les États entre eux, pour fomenter des appréhensions sur l'énorme autorité qu'aura le Congrès; le ministère examine des projets pour susciter des difficultés avec celui-ci par des mesures qui mettraient un frein à l'émigration des Anglais en Amérique[1]. Ces sentiments vont durer jusqu'à engendrer ultérieurement la guerre entre ces nations nées l'une de l'autre. Un Français dont l'esprit de gouvernement a été suffisamment prouvé par la suite, Talleyrand, qui a partagé son temps d'émigré entre Londres et ce pays nouveau, fera en 1792, à Shelburne devenu lord Lansdown, le tableau le plus accusateur dont, encore à cette date[2], la rancune de la mère patrie dépossédée abreuvait ses sujets d'autrefois.

Pour M. de Vergennes, au contraire, conserver avec le Congrès, malgré la félonie de ses agents, l'amitié qu'avait cimentée la lutte commune, parut être la politique à rechercher, et la politique conséquente.

[1] Rapport du 17 août. (*Angl.*, t. 544, n° 28.) — [2] Lettre du 3 octobre, que M. Pallain a reproduite parmi les documents formant son ouvrage : *La mission de Talleyrand à Londres.*

IMPRIMERIE NATIONALE.

1783. On se rappelle que le 20 décembre de la précédente année, le ministre du roi a écrit à La Luzerne pour retirer les appréciations par lui envoyées l'avant-veille sur la conduite des commissaires, et qu'il lui annonçait l'avance de 6 millions de livres dont le roi faisait de nouveau bénéficier les États-Unis. Dans la dépêche du 30 qu'on a lue précédemment, il donnait à Rayneval le secret de ce retour. Ce n'était aucunement que le procédé de leurs représentants parût moins défectueux à la réflexion qu'à l'heure même. C'était un acte de prévoyance politique. Le roi entendait répondre au calcul, alors visible à ses yeux, qui avait porté le cabinet de Londres, moyennant l'abandon des garanties réclamées pour les « loyalistes », à en terminer avec nos alliés « afin de séparer de nous les États-Unis et de nous réduire à « conclure aux conditions qu'il lui plairait d'accorder ». L'Angleterre semblant avoir voulu se pourvoir de son côté, il s'agit de ramener les Américains du nôtre. La signature des Préliminaires en fournit un moyen au ministre du roi. Il liera les commissaires par une déclaration donnant en quelque sorte une nouvelle existence à l'alliance.

Si au premier moment les ministres de George III avaient eu l'idée de profiter de l'accord intervenu avec ces commissaires, ils l'avaient écartée après. Leur propre projet de Préliminaires en portait la preuve. Cet accord, disait le préambule, ne vaudrait que confirmé par celui dont la France et ses alliés conviendraient avec la Grande-Bretagne. Néanmoins, il importait que la convention passée par les Américains fût, vis-à-vis de nous, comme annulée par eux-mêmes. Elle ressemblait trop à l'abandon du traité qui depuis quatre ans et demi nous les attachait. Que ceux-là mêmes par qui elle avait été conclue proclamassent le maintien de l'alliance, qu'ils déniassent comme un déshonneur pour leur pays toute interprétation autorisant désormais une action isolée de leur part, c'était le fait nécessaire. Déjà et tout d'abord le ministre du roi les avait appelés avec l'Espagne, avec les Hollandais, à la conclusion dernière des Articles préliminaires. Le 18 janvier il faisait mieux. Par un billet adressé à Franklin, il convoquait chez lui, pour le 20, les représentants du Congrès, tous sans exception, y compris le petit-fils de Franklin à titre de secrétaire pour eux, « attendu qu'il y aurait à traduire beaucoup d'anglais en fran« çais »; il s'agirait, écrivait-il, « de choses intéressant grandement les « États-Unis [1] ». Ces choses importantes, leur convention avec l'Angleterre venait de les lui révéler. Ils s'étaient tellement pressés de conclure qu'ils n'avaient même pas pensé à stipuler l'armistice pour leur pays. C'est ce dont M. de Vergennes entendait se servir pour obtenir ce qu'il voulait d'eux. 1783.

Franklin répondant sur l'heure que Laurens était aux eaux en Angleterre et Jay parti en Normandie, qu'il n'y avait qu'Adams et lui à Paris [2], c'est en réalité le moins sincère ami de l'alliance, l'Américain en dessous et fuyant dont le ministre avait eu à déjouer les menées, c'est John Adams qu'il allait maintenant contraindre à s'engager, car Franklin, lui, irait certainement au-devant. Il y eut ceci de curieux qu'une inquiétude fut aussitôt témoignée, surgie probablement de l'esprit retors d'Adams en nous voyant maintenant en pied à Londres. C'était que le Parlement ne voulût contester la commission donnée par le roi d'Angleterre pour traiter avec eux, que par là fussent rendus caducs les articles convenus et révoquée la reconnaissance de leur indépendance. Assuré comme il l'est maintenant, M. de Vergennes leur fait garantir cet armistice, tel qu'il résulte du traité de paix pour les belligérants d'Europe; ils signent chez lui avec Fitz-Herbert une déclaration en double pleinement formelle dans ce sens. Pour en être plus sûr, lui-même l'a rédigée [3]. Sa correspondance est en cela explicite. Ce sont des détails à faire connaître à Rayneval à Londres; de sa main encore, le même jour, il les lui minute [4] : « Les « articles provisionnels arrêtés et signés entre la Grande-Bretagne et « les États-Unis de l'Amérique n'aiant point pourvû à la suspension « d'armes, et M. Oswald se trouvant en Angleterre, les plénipoten-

[1] Bigelow, *Works of Franklin*, t. VIII, p. 249. — [2] 18 janvier 1783. (*Angl.*, t. 540, n° 73.) — [3] La minute, de sa main, porte le n° 82, au tome 540 de l'*Angleterre*. — [4] *Ibid.*, n°s 86 et 87.

1783. « tiaires américains, que j'avois invités à la signature de nos prélimi-« naires, ont échangé avec M. Fitz-Herbert des déclarations respectives « qui établissent entre la Grande-Bretagne et les États-Unis de l'Amé-« rique cette suspension d'armes avec les mêmes clauses et les mêmes « époques que nous avons admises. Je ne vous envoie pas copie de « ces pièces parce que le tems me manque pour les faire transcrire, et « je compte d'ailleurs que le lord Grantham ne refusera pas de vous « les communiquér[1] . . . . . » M. de Vergennes pousse d'ailleurs l'attention jusqu'à donner à son agent une façon d'argument, au besoin, contre les inquiétudes de ces clients sur les dispositions supposables du Parlement : « Il est possible que des têtes échauffées aient conçu « ce projet, mais je suis bien assuré que le ministre saura les faire « échouer. C'est en vertu d'un acte du Parlement que le roi d'Angle-« terre a donné ses pouvoirs, ce seraient moins les Américains qu'on « attaquerait que sa prérogative royale. D'ailleurs, voudrait-on ren-« verser la paix faite et signée ! J'ai tranquillisé les plénipotentiaires « américains autant qu'il m'a été possible. » Mais c'est un prélude uniquement, l'acte passé avec Fitz-Herbert; l'essentiel, c'était la déclaration voulue par le ministre du roi. Peut-être en coûta-t-il à J. Adams d'y consentir. Il n'est pas impossible que les mauvais sentiments qu'il professait contre la France en aient été accrus, et avivés les mauvais

[1] Le ministre répète, en outre, ces informations à La Luzerne dans une dépêche du 22 janvier (*États-Unis*, t. 23, n° 28) :

« J'ai eu l'honneur, M. de vous prévenir par « mon expédition du mois dernier du progrès « qu'avoit fait la négociation des États-Unis « pour la paix et de l'incertitude qui régnoit « encore touchant le sort de la nôtre. Les dif-« ficultés qui en retardoient la marche ont été « successivement aplanies, et enfin le 20 de ce « mois les préliminaires ont été signés à Ver-« sailles entre la France et l'Espagne d'une part « et l'Angre de l'autre. Les articles provision-« nels arretés et signés entre le commissaire « anglois M. Oswald et les plénipotentiaires des « États-Unis de l'Amérique septentrionale « n'aiant point pourvû à un armistice qui fasse « cesser les hostilités en attendant la conclusion « du traité définitif de paix, et le commissaire « anglois aiant été appellé en Angleterre, j'ai « invité les plénipotentiaires américains à se « rencontrer chez moi au moment de la signa-« ture des Préliminaires, et ils ont échangé « avec M. Fitz-Herbert, muni de pouvoirs du « roi d'Angre, des déclarations respectives en « vertu desquelles la suspension d'armes con-« venue entre nous et l'Angre aura son effet « par rapport aux États-Unis de l'Amérique. »

propos qu'il prodiguait depuis longtemps sur elle dans ses lettres à Philadelphie. En tout cas il n'y a point à supposer, de la part de Franklin, que les termes de cette pièce n'exprimassent pas une sincérité entière; ils reproduisaient ce qu'il avait constamment dit ou écrit. La voici telle que sa minute la fait connaître : 1783.

DÉCLARATION.

Nous soussignés, ministres plénipotentiaires des États-Unis, etc., déclarons qu'en agréant et consentant à fixer par notre signature des articles qui avoient été discutés entre nous et M. Oswald, muni de pleins pouvoirs à cet effet par S. M. le roi de la Grande-Bretagne, pour être insérés dans le futur traité de paix, nous n'avons eû pour objet que de faciliter et de constater la négociation dans laquelle les intérêts de nos Souverains doivent être préalablement traités.

Quoique le préambule de ces articles stipule positivement qu'ils n'auront d'effet que dans le cas où le traité de paix entre S. M. Très Chrétienne et S. M. Britannique sera conclu, nous croïons devoir manifester plus spécialement les intérêts de nos Souverains à cet égard parce que nous apercevons que le titre de Traité préliminaire dont on qualifie ces articles soit en Añgre, soit dans les papiers publics de l'Europe, peut induire en erreur sur la nature de l'acte que nous avons signé le 30 du mois dernier.

Les États-Unis de l'Amérique Septentrionale, jaloux de faire connoître leur fidélité à remplir leurs engagements et leur reconnoissance pour S. M. T. C. regardent leur cause comme inséparablement unie à celle de Sad^{e} M^{te}. C'est la base des instructions qu'ils nous ont données et aucune de nos démarches ne peut s'écarter de ce principe. Nous remplissons donc un de nos plus précieux devoirs en déclarant que les articles arrêtés et signés entre nous et le plénipotentiaire de Sa M^{te} Bq̃ue ne changeront rien à la position des États-Unis envers l'Añgre, tant que la paix entre S. M. T. C. et Sa M^{te} Bq̃ue ne sera pas conclüe, et que nous rejettons toute interprétation desd^{s} articles et de toute induction de la signature que nous y avons apposée qui seroient contraires à cette assertion. Nous espérons que ces verités bien connües dissiperont tous les soupçons qu'on pourroit chercher à répandre sur les sentiments

1783. d'une République naissante, dont l'honneur et les intérêts demandent également qu'elle s'établisse dans l'opinion générale comme mettant au-dessus de tout la fidélité et la constance dans ses engagemens. — Fait à Passy ce 20 J[er] 1783.

États-Unis, t. 23, n° 27.

Que se passait-il aux États-Unis pendant ce temps? A la date où les Préliminaires venaient d'être signés, il n'y régnait encore que des rumeurs sur le grand événement de la paix et de l'indépendance. Le 13 mai seulement y fut reçu le courrier dont Franklin avait chargé le *Washington*. Le Congrès s'était vu jeter dans des inquiétudes à l'intérieur par une insubordination de l'armée. L'ascendant du général, aidé d'un peu de paye en retard, en avait triomphé; mais les soldats de la France étant partis, on n'envisageait pas sans appréhension l'éventualité de continuer la guerre en présence des tentatives des corps militaires pour s'ériger en parti. Aussi la joie fut-elle profonde quand on se trouva instruit. Washington, écrit La Luzerne le 29 mars, « en « versa des larmes », disant que « c'était le plus heureux moment de sa « vie[1] ». Dans cette situation, l'écho des procédés qu'avait eus les commissaires devait éveiller les impressions. A l'honneur du Congrès, il se montra presque aussi froissé de ces procédés qu'heureux de la pacification en elle-même et des résultats qu'elle consacrait. La Luzerne eut plus que le besoin de rester réservé dans ses entretiens, comme le lui indiquait M. de Vergennes le 19 décembre; ce fut à empêcher un éclat qu'il dut s'employer. Plusieurs membres dans l'assemblée, en dehors d'elle des États, voulaient prendre une initiative contre la conduite tenue à notre égard par les délégués. Envers nous, le Congrès demeurait exactement fidèle aux termes des dernières instructions qu'il avait précisées. D'après le témoignage de notre

[1] Rapport du 29 mars. (*États-Unis*, t. 23, n° 146.) — Dans sa correspondance d'alors, La Luzerne fait de Washington et d'autres Américains des appréciations qu'il n'est pas sans intérêt de recueillir. On les trouvera à l'annexe du présent chapitre.

représentant c'était le sentiment général, quelque mouvement qu'Arthur Lee et les antigallicans se donnassent à l'encontre. Dans l'accord que les commissaires avaient obtenu de l'Angleterre on essayait, de ce côté, de faire voir une raison de se rendre libre de la France et de s'entendre désormais directement à Londres. Un des acolytes de Lee, un Virginien comme lui, était allé jusqu'à le dire à La Luzerne. Celui-ci en ayant entretenu le président du Congrès, il pouvait affirmer que c'étaient entreprises vaines[1]. Il multiplie en ce moment ses informations. Le 22 mars il résume comme il suit celles dont il dispose à cette date : 1783.

.....Ces ministres ont rendu compte au Congrès du parti qu'ils ont pris de signer les articles provisoires sans vous les avoir préalablement communiqués; ils n'allèguent aucun motif de cette conduite, et plusieurs délégués ainsi que le président lui-même m'ont dit que cette discordance apparente leur causait une peine inexprimable, que c'étoit la seule circonstance qui eût diminué la joie que leur a donnée la communication de ces articles; qu'ils désiroient que Sa M^te^ pût savoir que rien n'étoit plus contraire aux intentions du Congrès et que les instructions données successivement aux plénipotentiaires avoient pour objet d'entretenir la meilleure intelligence et de ne rien faire que de concert; que l'on avoit inutilement cherché quelles pouvoient être les causes de ce procédé; qu'il paroissoit d'autant plus étrange que vous même, Monseigneur, aviez dit aux plénipotentiaires que Sa M^te^ désiroit que chacune des puissances négociât pour elle-même à condition, cependant, de se communiquer toutes les circonstances des négociations réciproques, de les faire marcher de front et de ne conclure que de concert, et qu'enfin une grande majorité du Congrès étoit disposée à faire connoitre aux plénipotentiaires qu'ils désapprouvoient leur conduite à cet égard.

Un des délégués de la Caroline du Nord me dit même que son État sentoit si vivement la reconnoissance qu'il doit au Roi, qu'il étoit persuadé que l'Assemblée expliqueroit son mécontentement sur ce point pour peu que je le désirasse. Vous voyez, Monseigneur, que rien n'eût été plus facile que d'exciter

[1] Rapport du 19 mars. (*États-Unis*, t. 23, n° 219.)

1783. l'animadversion du Congrès, et même de quelques législatures contre les ministres des États-Unis; mais il m'a paru que ce parti n'auroit que des inconvénients, et j'ai détourné les délégués qui m'en ont parlé de toute démarche propre à faire de l'éclat, en leur faisant observer que ce seroit donner lieu à l'ennemi de supposer une division qui n'existe pas entre le Roi et ses alliés...

États-Unis, t. 23, n° 126.

Les explications de la France sur ces faits sont dans la correspondance échangée entre le ministre du roi et son plénipotentiaire. Elles importent à l'histoire, et cette correspondance les rend souveraines. On n'eut que successivement, au Congrès, le détail de ce qui s'était passé et les raisons qu'en donnaient les acteurs; aussi les circonstances qui avaient suivi ne parvinrent-elles pas en une seule fois à la connaissance de Versailles. La Luzerne ne se trouve à même de fournir des renseignements nouveaux qu'un mois plus tard. Il en envoie, le 19 avril, qui n'étaient pas seulement propres à éclairer, mais à étonner en outre, et à motiver des réponses qui fussent sans appel. Parlant des dissidences au moyen desquelles les collègues de Franklin s'étaient arrangés pour annihiler ce dernier et agir sans son obstacle, il écrit ce jour-là [1] : « . . . Tandis que Sa M^te suit à « l'égard des Américains un système de modération et de générosité, « il paroît que la cour de Londres s'occupe des moyens d'y créer un « parti contre nous, d'y élever son influence à nos dépens et d'alarmer les États de l'Est touchant nos vües à l'égard des pêcheries. « Quelques-uns des plénipotentiaires ont mandé diverses circonstances « qu'on tient extrêmement secrètes, mais suivant lesquelles ils ont su « des ministres ou émissaires anglois que nous nous étions formellement opposés à ce que les Américains fussent admis aux pêcheries « d'une manière aussi étendüe qu'ils l'ont été par les articles provisionnels. On insinüe que M. Franklin favorisoit secrètement notre

[1] *États-Unis*, t. 24, n° 60.

« opposition, et que les termes avantageux que les Américains ont obtenus sont dus à la fermeté de deux des négociateurs et à la générosité de l'Angleterre, résolüe à regagner par toute sorte de « moyens l'affection des États-Unis malgré tous les efforts que nous « ferions pour l'empêcher. 1783.

« M. Franklin tient un langage bien différent. Il écrit en date du « 25 décembre : « Je suis d'opinion que le véritable intérêt politique « de l'Amérique consiste dans l'observation la plus rigoureuse des « engagements avec la France. C'est une étroite liaison avec cette « puissance qui nous rend considérables aux yeux de l'Angleterre et « respectables dans les cours d'Europe. Si nous rompions avec la « France, sous quelque prétexte que ce pût être, l'Angleterre nous « fouleroit aux pieds, et nous serions l'objet du mépris universel; « ainsi nous ne pouvons être trop en garde contre le ressentiment de « quelques individus qui voudroient le faire passer dans nos con- « seils..... » Il est visible que notre plénipotentiaire conservait du faible pour John Adams. C'est, à coup sûr, d'après les informations reçues de ce dernier et de Jay par le Congrès, qu'éloigné des faits comme il s'en trouvait, La Luzerne mettait ainsi d'emblée sur le compte du cabinet de Londres ce qu'en réalité avaient imaginé ces délégués. Ils avaient eux, ou inventé les propos qu'il leur fallait, ou ils les avaient acceptés sans examen d'Oswald ou d'autres, satisfaits d'y puiser des prétextes. La Luzerne suivait son inclination jusqu'à prendre un peu à sa charge la responsabilité des prétendus dires anglais : « J'ai les plus fortes raisons de croire que plusieurs de mes « dépêches sont tombées entre les mains des Anglais dans les six ou « huit premiers mois de l'année dernière, époque où les dangers de la « mer m'obligèrent de multiplier les expéditions de mes lettres jusqu'à « *sept*. Quelques propos de divers délégués ne me permettent guère de « douter que la cour de Londres ait tiré parti de ces dépêches pour « rendre notre politique suspecte. »

Mais à Versailles, au même moment, on était, grâce à Franklin,

1783. instruit de la façon perfide sous laquelle les collègues de ce dernier présentaient les actes du Gouvernement du roi. Il a été indiqué que le 26 décembre précédent le loyal Américain avait ajouté, à l'adresse du pasteur Cooper, dans les paquets confiés au *Washington*, un billet l'interrogeant sur l'état d'esprit, si peu pareil au sien, qu'il voyait à ses collègues. Cooper répondait le 5 mai, et ce que Franklin avait communiqué de sa réponse faisait connaître qu'en effet existait à Boston un parti qui dénigrait d'imputations les procédés de la France dans la négociation de la paix, qui accusait Franklin de s'être mis avec elle et attribuait à John Adams tout ce que l'Amérique venait d'obtenir, affirmant que non seulement ce dernier en Hollande, mais, de plus, Jay à Madrid, Dana à Pétersbourg avaient été par nous toujours contrecarrés[1]. Pour M. de Vergennes, l'heure était passée de s'émouvoir beaucoup devant ces révélations. Le gouvernement du roi avait maintenant surmonté les faits dont elles étaient le retentissement, il ne lui importait plus que de mettre en dépôt, là où le bruit s'en répercutait, la réfutation authentique des mensonges qui en formaient le fond. Ce fut l'objet de deux dépêches du ministre, écrites à six semaines l'une de l'autre, pour fixer le plénipotentiaire sur ce qui avait eu lieu, mieux que visiblement il ne l'était de loin. Il ne devait s'en servir officiellement, toutefois, que si le cas le demandait. L'une et l'autre elles présentent le reflet, aussi calme et précis qu'indiscutable, de la marche qui avait été suivie; elles en sont le sommaire historique. Dès la première, du 21 juillet, la question des limites, des pêcheries, des déloyales inculpations dont l'honorabilité de Franklin était atteinte :

.....Les limites, M. auxquelles l'Angre a consenti du côté du Mississipi, ont dû causer quelque étonnement en Amérique, car on ne s'étoit sûrement

[1] La partie de cette lettre remise par Franklin se trouve, sous le n° 92, au tome 24 des *États-Unis* : M. Bigelow l'a insérée plus complètement au tome VIII des *Works of Franklin*, p. 341.

pas flatté que le ministère anglais iroit au delà de la chaine de montagnes qui borde les États-Unis pour ainsi dire depuis l'Ohio jusqu'à la Géorgie. Quoi qu'il en soit l'avantage qui résulte de là pour la république américaine est plus idéal que réel; en effet, la plupart des peuples indiens placés entre les États-Unis et le Mississippi sont des sauvages indépendants et sur lesquels la cour de Londres n'avoit que des prétentions très illusoires ou au moins très équivoques; d'ailleurs, l'Angre en cédant la navigation du Mississippi a donné ce qui ne lui appartenoit plus; il est de principe que les rivières appartiennent à ceux à qui appartiennent les bords; or l'Espagne étoit à l'époque du 30 9bre maîtresse des bords du Mississippi au moins depuis Natchès jusqu'à son embouchure dans le golfe du Mexique, et S. M. C. a été maintenue incommutablement dans cette propriété par les préliminaires signés le 20 Janver. Il résulte de là, M., que l'Angre a cédé aux Américains un être de raison ou plutôt une source de querelles avec l'Espagne, et qu'ils ne pourront point, malgré leur traité, naviguer dans les parties inférieures du Mississippi sans le consentement de la cour de Madrid. 1783.

Je ne sais pas, M., comment on a pû imaginer que les limites accordées aux Américains du côté de l'ouest nous avoient donné de l'humeur, et que nous avons taché d'engager le ministère Bque à les restreindre. Ce qu'il y a de très certain est que j'ai constamment ignoré l'état de la négociation entre les commissaires anglais et américains; que dans un entretien que j'ai eu avec M. Adams, si je ne me trompe pas au commencement de 9bre, ce plénipre ne m'a dit que des choses très vagues sur les limites du côté du nord sans faire mention de celles de l'ouest, et que je n'ai été instruit que par la lecture des articles provisionels.

Il est vrai que M. Jay ayant entamé une négociation avec M. le comte d'Aranda relativement aux limites des États-Unis du côté du Mississippi, et ne pouvant tomber d'accord avec cet ambassadeur, invita M. de Rayneval d'aplanir les difficultés qu'il rencontroit, et que celui-ci lui adressa, au moment de son départ pour l'Angre, un mémoire qui démontroit que ni les Américains ni les Espagnols n'avoient de droits sur les peuplades qui habitent les Apalaches et le Mississipi; mais cet écrit n'exprimoit que l'opinion personnelle de M. de Rayneval, comme il en a prévenu M. Jay; ainsi il ne pourroit être considéré que comme non existant relativement au ministère

1783 du Roi. J'entre dans ce détail, M., parce que j'ai lieu de regarder M. Jay comme l'auteur des insinuations qui doivent avoir été faites au Congrès pour nous rendre suspects, et que je juge devoir, à tout évènement, vous mettre en état de les détruire; pour vous fournir toutes les armes dont vous pourrez avoir besoin pour remplir cette tâche, je vous envoye copie du mémoire de M. de Rayneval, ainsi que de la lettre dont il l'a accompagné en l'envoyant à M. Jay.

Quant à l'article des pêcheries nous en avons toujours dit notre sentiment avec la plus grande franchise : vous pourrez, M., vous en convaincre si vous voulez bien reprendre la correspondance de M. Gérard. Il y a une différence entre établir des principes et exprimer des vœux : nos vœux ont de tout tems été pour les Américains, mais nos principes ont condamné leurs prétentions; au surplus en quel tems les avons-nous manifestés, c'était lorsque nous avons vû l'État de Massachusset disposé à mettre la paix et l'indépendance au prix du droit de pêcher sur les côtes de Terre-Neuve. Mais notre opinion ne pouvoit pas influer sur les négociations, puisque nous n'en connoissions point les détails, et qu'elles ont été terminées de la manière la plus brusque, la plus inopinée et, je puis le dire, la plus extraordinaire.

Cette dernière circonstance, M., a dû nous affecter vivement, parce qu'elle étoit un manquement de procédé et d'égards dont il existe peu d'exemples, et nous n'avons jamais douté que le Congrès ne partageât notre opinion à cet égard. L'intention où cette assemblée a été de sévir contre ses représentants a paru au Roi la satisfaction la plus complète, et S. M[té], contente de cette démonstration, a fort aprouvé les soins que vous avez pris pour empêcher que ses plaintes n'eussent de suites fâcheuses pour les plénipres américains. Il faut croire que l'admonition qu'ils auront probablement reçüe leur fera sentir la nécessité de mettre dorénavant plus de mesure et d'égards dans leurs démarches; je puis même vous dire que j'ai depuis quelques tems lieu d'être satisfait de leur conduite, mais je suis fort en doute sur les principes de MM. Adams et Jay. Il me revient à leur égard des notions qui confirment ce que vous m'avez mandé du contenu de leurs dépêches. Leur jalousie contre M. Franklin est leur principal mobile; elle les irrite et les aveugle au point qu'ils ne rougissent point de dénoncer ce ministre comme vendu à la France et de rendre notre politique suspecte. Mais j'ai trop bonne opinion de la pénétration et de la sagesse du Congrès pour supposer que, malgré l'ostracisme qui y règne, il ne suspectera pas un homme qui a rendu les services les plus importants à sa patrie, et qu'il ne rejettera pas avec mépris les insinuations que l'on pourra lui faire contre les principes et les sentiments de S. M[té]. J'aprends que M. Franklin a demandé son rappel, mais que le Congrès n'a pas encore prononcé sur sa demande. Je désire qu'il la rejette, du moins quant à présent, parce qu'il seroit impossible de donner à M. Franklin un successeur aussi sage et aussi conciliant que lui; d'ailleurs je craindrois qu'on ne nous laissât M. Jay, et c'est l'homme avec qui j'aimerois le moins traiter d'affaires; il est égoïste et par trop accessible aux préventions et à l'humeur. 1783.

Au reste, M., tous ces détails sont pour vous seul; vous n'aurez aucun usage à en faire, parce qu'en voulant servir M. Franklin nous courrerions le risque de lui nuire en donnant une lüeur de vraisemblance aux insinüations mensongères de ses collègues; cependant la réserve que je vous recommande ne doit pas vous empêcher de rendre justice à sa loyauté et à la constante sagesse de sa conduite lorsque l'occasion s'en présentera naturellement......

États-Unis, t. 25, n° 40.

A Versailles, et d'ailleurs sur le continent, on n'avait pas idée du développement accompli déjà par l'activité des hommes dans ces colonies anglaises, dont le soulèvement contre leur métropole avait été si utilement pris pour moyen de nous relever des humiliations. Cette ignorance était sensible dans ce que disait le ministre du roi au sujet du Mississipi. La Luzerne s'empressa de rectifier la notion en dépeignant l'animation croissante qui régnait le long du fleuve, la rapide utilisation de son cours et de ses bassins, la promptitude des résultats qui se produiraient. Ayant aussi regardé plus exactement autour de lui, il donna de l'esprit général et des sentiments à notre égard, de ceux du gouvernement américain et du Congrès, une opinion effaçant ses informations précédentes. Lorsque ces assurances réparatrices arrivèrent, le traité de paix était définitivement acquis, les dénigrements de nos contempteurs continuaient néanmoins. M. de Vergennes ne voulut pas que de l'autre côté de l'Atlantique, le plus minime

1783. élément de doute pût subsister sur la conduite du gouvernement du roi envers nos alliés ou à leur sujet. Les signatures à peine apposées au pied de l'acte européen du 3 septembre, il revint aux explications de son pli précédent. Sans que la consécration éclatante qu'avait reçue son œuvre lui enlevât rien de sa modération et de sa mesure, sans étalage, ne visant qu'à préciser les faits comme dans un document pour l'avenir, il consigna dans la dépêche que voici ce qui s'était positivement passé au regard des délégués du Congrès. Même quant à l'incident Barbé-Marbois, il entendit que rien d'obscur ne restât :

A Versailles, le 7 septembre 1783.

Je vois avec plaisir, M., que malgré la fermentation qui règne en Amérique, les sentiments dûs à la France ne sont pas affoiblis. Je sais cependant qu'il est des personnes qui s'efforcent de les détruire, et ces personnes sont en France; M. John Adams est à leur tête. Je suis informé d'une manière assez positive, que ce dernier a mandé en Amérique que nous avions cherché à les contrecarrer en Angre relativement aux limites des États-Unis et aux pêcheries; que nous avons également cherché à lui susciter des obstacles en Hollande; que nous avons empêché M. Dana de réussir à Saint-Pétersbourg, enfin que nous sommes cause du mauvais accueil que M. Jay a constamment reçu à la cour de Madrid. Des imputations de cette nature sont si absurdes qu'elles se détruisent par elles-mêmes; cependant comme j'ai lieu de croire qu'elles ont quelques adhérents en Amérique, et comme M. Adams doit y retourner incessamment, je pense devoir à tout évènement vous mettre en état de les réfuter. Je n'ai rien à ajouter à ce que je vous ai déjà mandé sur l'article des limites et sur celui de la pêche : je dois seulement vous prévenir à ce dernier égard, M., que le ministère anglais a cru devoir, dans le courant de l'année dernière, communiquer aux plénipres américains une lettre du sieur de Marbois du mois de mars 1782, n° 225, et qu'il a tâché de nous rendre suspects sur l'article de la pêche en donnant une interprétation forcée aux réflexions que cette même dépêche renferme sur cette matière; mais il y a une observation péremptoire à faire à cet égard, c'est que l'opinion du sieur de Marbois n'est point celle du Roi et de son Conseil; d'ailleurs le Congrès sait parfaitement bien que les démarches indiquées dans la dépêche en question n'ont pas été faites; ainsi il n'y a aucune induction à en tirer contre les principes que le Roi peut avoir adoptés par raport aux pêcheries. 1783.

Quant aux obstacles que M. Adams dit avoir rencontrés en Hollande par notre fait, ils n'ont jamais existé que dans l'imagination de ce plénipre. Il est vrai qu'au mépris des circonstances où se trouvoient les Hollandois et des premiers éléments de la politique, il vouloit presser les États-Généraux de traiter avec lui : je lui ai alors observé que ses sollicitations seroient infructueuses, parce que la prudence ne permettoit pas encore à L. H. P. de les écouter. Mais aussitôt que j'ai eu lieu de juger que les Hollandois ne pouvoient plus se dispenser de prendre part à la guerre, non seulement j'ai fait conseiller à M. Adams d'aller en avant, mais j'ai même fait appuyer ses démarches par l'ambassadeur du Roi, et je ne crains pas de me tromper en disant que notre intervention a été plus efficace que toutes les propositions du plénipre américain. Je me rappelle que M. Adams avoit le projet de lier un traité d'alliance avec le traité de commerce, et que j'ai trouvé ses vûes prématurées : le Congrès a pensé comme moi, puisqu'il n'a autorisé son plénipre à conclure une alliance que pour la durée de la guerre.

Pour ce qui est de M. Dana, il me souvient parfaitement bien que se proposant de se rendre à Saint-Pétersbourg il me consulta sur la conduite qu'il lui conviendroit de tenir à cette cour; je lui observai avec la plus grande franchise que, ne pouvant se flatter d'être admis comme représentant des États-Unis, la prudence vouloit qu'il ne déployât aucun caractère public de crainte qu'il ne compromît la dignité du Congrès, et qu'il se bornât à se présenter comme particulier. M. Dana trouva mes réflexions très justes, il me promit même de ne point se rendre en Russie. Malheureusement M. Dana se rendit en Hollande, il s'y aboucha avec M. Adams; celui-ci changea la résolution de son collègue et le détermina à poursuivre sa route pour Saint-Pétersbourg : je n'eus plus d'autre parti à prendre que celui de le recommander à M. le marquis de Vérac, et de prescrire à ce ministre de faire ce qui dépendroit de lui pour empêcher M. Dana de remettre ses lettres de créance : les exhortations de M. de Vérac ont réussi, M. Dana n'a jusqu'à présent pas déployé de caractère.

Reste Mr Jay. J'en appelle à la probité de ce ministre relativement aux

1783. services que s'est efforcé de lui rendre Mr le Cte de Montmorin : on ne prétendra sans doute pas en Amérique que le Roi auroit dû se brouiller avec le Roi son oncle pour l'amour des Américains; Sa Mté n'avoit que la voye de la représentation, et l'ayant épuisée la prudence vouloit qu'elle se vouât au silence.

Tels sont, M., les faits que Mr Adams et ses adhérents dénaturent pour nous rendre suspects à leurs compatriotes. Je ne sais si le premier agit par méchanceté; mais en lui faisant grâce à cet égard, je ne saurois me dissimuler qu'il agit au moins par esprit de vengeance : vous vous rapellerez sans doute, M., les plaintes que j'ai été forcé de porter au Congrès par raport à ses principes et à ses démarches; vous vous rapellerez également que c'est à ma sollicitation qu'on lui a donné des adjoints : Mr Adams ne me l'a jamais pardonné, et c'est là le principe de ses relations insidieuses et des efforts qu'il fait pour rendre la France suspecte et odieuse; un pareil caractère est, selon moi, incapable de bien servir sa patrie, et je vous avoue que j'ai beaucoup de plaisir à le voir repasser la mer : il intriguera, il cabalera, il nous calomniera, mais je présume que les faits seront plus forts que lui, et que ses tentatives n'aboutiront qu'à détruire la confiance que le Congrès peut avoir mis dans ses lumières et dans sa probité. Au reste, M., je vous prie de faire un usage discret des détails dans lesquels je viens d'entrer : vous ne les employerez que dans le cas où M. Adams nous y forceroit; et s'il se tait ou si ses préventions ne l'ont pas précédé, vous garderez de votre côté le silence le plus absolu.

États-Unis, t. 25, n° 144.

Comme un de ces témoins que l'on scelle solennellement pour les temps ultérieurs dans les fondements des grands édifices, ces deux dépêches étaient la parole de la France, déposée sous l'assise désormais assurée de la République américaine. Ce que cette république voulait devenir ne nous importait que pour mettre fin aux sacrifices d'argent qu'elle nous coûtait. Pendant que nous y étions l'objet des étranges dénigrements auxquels on répondait ainsi de Versailles, son gouvernement trouvait commode de tirer sur les coffres du roi. A la même date du mois de juillet où M. de Vergennes renseignait tout à l'heure La Luzerne, Franklin et Jay ensemble avaient officiel-

lement demandé à Versailles une avance de 1,900,000 livres sur 1783.
3 millions dont le Congrès aurait besoin, outre les six que le roi leur avait alloués. Morris, secrétaire d'État des finances, ayant d'ailleurs fait auprès de notre plénipotentiaire des démarches dans les mêmes vues, le ministre louait ce dernier de les avoir écartées, et l'informait que des traites n'avaient pas moins été tirées de Philadelphie pour cette somme. Il avait « mis la demande sous les yeux du roi, écrivait-il, mais Sa Majesté s'était trouvée dans l'impossibilité de la prendre en considération[1] ». Notre représentant à Philadelphie avait nombre de fois conseillé en vain aux Américains de se faire des finances en rapport avec leurs besoins; le ministre s'en autorisait pour dire : « Il est « vraiment fort agréable au roi de soulager par de nouveaux secours « les finances des États-Unis; mais Sa Majesté ne saurait aggraver le « poids des charges qui pèsent sur son peuple, pour une nation qui « rejette avec une obstination sans exemple tous les expédients qui « ont été proposés jusqu'à présent pour faire cesser sa détresse. » A quoi ce qui se passait envers nous autour du Congrès et dans les États qui écoutaient les Adams, permettait bien à M. de Vergennes d'ajouter : « On murmurera probablement en Amérique, les partisans « de l'Angleterre s'efforceront de nous décrier : mais c'est un mal « auquel nous ne saurions remédier; d'ailleurs nous n'avons jamais « fondé notre politique à l'égard des États-Unis sur leur reconnais- « sance; ce sentiment est infiniment rare entre souverains, et les « républiques ne le connaissent point. Ainsi, M., tout ce que vous « aurez à faire à l'égard des Américains est, comme vous l'observez « très bien, de laisser les choses suivre leur mouvement naturel, de « ne point nous écarter de la marche noble, franche et désintéressée

[1] Le ministre continuait : « D'ailleurs la « guerre qui vient de finir a coûté des sommes « énormes à la France; l'année courante est « plus coûteuse qu'une année de guerre, parce « qu'il faut désarmer et solder tous les comptes; « et il n'est malheureusement que trop évident « que tout cela ne peut se faire que moyennant « des emprunts. » (*États-Unis*, minute Rayneval, t. 25, n° 40.)

IMPRIMERIE NATIONALE.

1783. « que nous avons tenue jusqu'à présent à l'égard des Américains; de « les bien observer dans toutes leurs démarches, et, si nous ne pou- « vons les diriger d'après les grands principes qui ont servi de base à « notre alliance avec eux, de prendre à temps les mesures nécessaires « pour n'être point dupes de leur ingratitude et de leur fausse poli- « tique. »

Il est naturel que les hommes d'État de quelque portée regardent en avant de leur moment. Une certaine intuition de l'avenir est de nécessité pour voir juste dans le présent. Les États-Unis en étaient à la première heure de leur constitution définitive. L'impéritie et les avant-floraisons de l'anarchie gouvernementale décriaient alors le Congrès. La Luzerne tenait Versailles informé des divisions et des inquiétudes qui régnaient par suite. En demandant des avis il indiquait un peu le sien. Avec le pressentiment d'un avenir pouvant alors sembler possible, on lui répondait, sous la prévoyante et sage circonspection qui était le caractère tant de fois marqué du ministre du roi : « L'existence future du Congrès, M., présente d'im- « portantes questions à discuter, et je prévois qu'il se passera quelque « temps avant qu'elles soient décidées. Je pense comme vous que la « conservation du Congrès nous conviendrait; mais ce qui nous con- « vient peut-être davantage est que les États-Unis ne prennent point la « consistance politique dont ils sont susceptibles, parce que tout me « persuade que leurs vues et leurs affections seront très versatiles, et « que nous ne pourrons point compter sur eux si jamais il nous sur- « vient de nouvelles discutions avec l'Angleterre. Au reste, M., ce que « je viens de dire n'est qu'un aperçu qui m'est personnel : j'ai d'autant « moins aprofondi la matière, que tel que puisse être le résultat des « réflexions les plus mûres je juge que quand même nous le voudrions, « nous sommes sans moyens pour influer sur les arrangements domes- « tiques des États-Unis, et qu'en tout état de cause nous ne pourrons « qu'être spectateurs tranquiles des commotions que leur constitution « et leurs rapports intérieurs pourront éprouver. »

A quelqu'un outre M. de Vergennes, il appartenait de laisser à l'histoire la vérité sur la conduite du gouvernement de Louis XVI envers les États-Unis. Ce quelqu'un, c'était Franklin. Il était, lui, le véritable mandataire de son pays, du pays des premiers temps, celui de l'alliance dont l'effet venait de s'accomplir. Les improvisés comme Adams et les autres représentaient des impressions et des partis nés après. Tandis qu'ils apportaient les impatiences, l'infatuation, l'ignorance aussi de l'enchaînement des actes, Franklin, lui, avait eu la main dans la main du gouvernement du roi durant le cours entier des faits. Or lui aussi entendait que les faits fussent transmis aux descendants sous leur sens positif et à la fois dans leur vérité morale. Que la déconsidération sans excuse et l'indécente dépréciation dont l'avaient abreuvé ses collègues pussent imprimer une tache sur son nom, cette pensée ne le révoltait pas moins que M. de Vergennes celle de ne point établir sur les preuves l'absolue droiture du gouvernement du roi. Franklin, le 22 juillet, de même que le ministre venait de le faire la veille, rendait compte à Philadelphie de ce qui avait eu lieu. Il faisait connaître, en chargé d'affaires de fondation, les résultats obtenus de l'Angleterre par les commissaires du Congrès. Il ne cachait ni les dissidences nées entre eux et le gouvernement du roi, ni les satisfactions qu'ils avaient été amenés à donner à ce gouvernement, moins encore l'opinion qu'il avait opposée à la leur sur les causes par eux trouvées justes de ces dissidences. La lettre de Marbois, dont les négociateurs anglais s'étaient servis auprès d'eux, les conversations dans lesquelles leur avait été recommandé, de notre côté, de modérer les demandes quant aux limites, quant aux pêcheries, quant aux « loyalistes », rien de tout cela ne lui paraissait reprochable. La lettre, ils l'avaient eue d'intermédiaires pour lui « suspects »; il ne voyait, ni à elle ni au reste, de poids « suffisant à fixer dans son esprit l'opinion que la cour de France désirait les empêcher d'obtenir à aucun degré les avantages qu'ils pourraient obliger les ennemis de l'Amérique à leur accorder. » « Ces discours, continuait-il, sont très bien explicables par l'appré- 1783.

1783. hension fort naturelle que, nous reposant trop sur les moyens qu'avait la France de continuer la guerre en notre faveur ou de nous fournir constamment de l'argent, nous n'insistassions pour avoir plus d'avantages que les Anglais ne voudraient nous en accorder, et que nous perdissions par là l'occasion de faire une paix si nécessaire à tous nos amis. » Et il ne se bornait point à mettre ainsi le sceau aux explications que M. de Vergennes allait déposer dans les archives de l'ambassade; il énumérait les accusations dont Adams chargeait devant tout venant le gouvernement du roi, son ministre en personne, il leur ôtait tout fondement. « Je ne dois pourtant pas », écrivait-il[1] :

Je ne dois pourtant pas vous cacher que l'un de mes collègues est d'une opinion différente de la mienne dans ces questions. Il pense que le ministre français est un des plus grands ennemis de notre pays; qu'il aurait voulu rétrécir nos frontières pour empêcher l'accroissement de notre peuple, restreindre notre pêche pour faire obstacle à l'augmentation de nos marins, et retenir les loyalistes parmi nous pour nous tenir divisés; qu'il s'oppose particulièrement à toutes nos négociations avec des cours étrangères, et qu'il nous a fourni pendant la guerre les secours que nous avons reçus uniquement pour nous maintenir en vie afin que nous fussions d'autant plus affaiblis par elle; que songer à la gratitude envers la France est la plus grande des folies, et qu'être influencés par cette gratitude ce serait nous ruiner. Il ne fait pas mystère d'avoir ces opinions, les exprime publiquement, quelquefois en présence des ministres anglais, et parle de centaines d'exemples qu'il pourrait produire comme preuves, dont aucun cependant ne m'est encore apparu, à moins que les conversations et la lettre mentionnée ci-dessus ne soient comptées comme tels.

A ses yeux tout cela ne pouvait aboutir qu'à « provoquer le soupçon « qu'il existe en Amérique un parti considérable de gallophobes « n'étant pas torys, à produire des doutes sur la continuation de

[1] « Franklin à Robert R. Livingston, Passy, 22 juillet 1783, » dans Bigelow, *Works of Franklin*, t. VIII.

«l'amitié des États-Unis»; et comme de tels doutes auraient peut- 1783.
«être par la suite un mauvais effet, on ne saurait prendre trop de «soin de les dissiper». Il ajoutait en conséquence :

C'est pourquoi je vous écris ceci, afin de vous mettre en garde (croyant que c'est mon devoir, bien que je sache que je m'expose par là à une inimitié mortelle) et de vous prévenir relativement aux insinuations de ce gentleman contre cette cour, et aux exemples qu'il suppose de son mauvais vouloir envers nous, que je tiens pour aussi imaginaires que je sais que le sont ses fantaisies sur ce que le comte de Vergennes et moi-même sommes toujours à comploter contre lui et à employer les nouvellistes de l'Europe à déprécier son caractère; mais, comme le dit Shakespeare : «Bagatelles, légères autant que le vent, etc.». . . . . .

Cette «inimitié mortelle», Franklin voulut au moins se voir à même de la confondre. Il l'entendait se répandre autour de lui, il savait les soins qu'on s'en donnait auprès du Congrès et en Amérique. Tandis que M. de Vergennes reprenait la plume à l'adresse de La Luzerne, l'Américain, à bout de la patience sereine puisée jusqu'alors dans l'étendue de son esprit, avait sommé John Adams et Jay de démentir leurs imputations. Le 10 septembre il envoyait leurs réponses au Congrès et s'expliquait sur elles. Jay, variable faute de justesse de vue et de solidité de caractère, datant d'ailleurs des premiers moments, lui aussi, s'échappa par les éloges qu'en ces moments-là nul n'aurait osé ne pas donner à Franklin. Quant à Adams, il avait, manda La Luzerne le 3 décembre[1], «rempli deux pages d'expressions louches et embarrassées, qui prouvent assez qu'il est l'auteur de ces faux bruits». Notre plénipotentiaire disait d'ailleurs que ce dernier s'était empressé de reprendre auprès du Congrès, sur de nouveaux frais, sa guerre contre Franklin. Ce qui n'a pas empêché ce collègue, insupportable à sa personne, de tenir dans l'histoire une

[1] *États-Unis*, t. 26, n° 70. — Les deux lettres d'Adams et de Jay sont transcrites à leur date (13 et 11 septembre 1783) dans les *Works of Franklin* de Bigelow.

1783. bien autre place que lui, et non uniquement pour l'Amérique. L'arrêt définitif sur les dissentiments suscités par Adams avec le gouvernement du roi et sur les prétendues raisons d'où il les faisait dériver, était à prononcer en leur pays même; Franklin l'a écrit, dans ce rapport au ministre des affaires extérieures du Congrès.

Ce n'est pas l'Espagne qui aurait pu faire écouter des plaintes si elle en avait exprimé; elle n'avait l'attention de personne. Pour les pays la respectabilité du souverain ne suffit pas seule : comme pour les hommes, la considération ne s'attache qu'au caractère. Le caractère avait constamment manqué au gouvernement de Madrid. Nous n'avions trouvé d'efficace en lui que l'apparence de son appui. Ç'avait bien été pour nous quelque chose, mais surtout pour elle. Fox ne disait pas sans vérité narquoisement à d'Adhémar, dans la première audience où il le reçut, que « le Pacte de famille, jugé si onéreux pour cette Couronne, avait cependant pour un de ses meilleurs fruits de lui procurer de grands avantages [1] ». En effet, elle en retirait du prix; nous n'en aurions reçu nous que les charges, s'il ne s'était pas trouvé moralement d'un poids incontestable d'avoir, en nous servant de ce pacte jugé oublié, démontré qu'il subsistait. La vanité du gouvernement de Madrid souffrait amèrement de ne s'être pas vu rendre Gibraltar, même à nos dépens si ç'avait été le cas; les Florides et Minorque ne constituaient pas moins un morceau bien supérieur au concours que nous avions eu d'elle. En roi très respectable d'une puissance grande autrefois, mais affaissée maintenant, Charles III était morose, non reprochant; M. de Floridablanca, lui, se faisait belliqueux, par contenance, beaucoup plus que les moyens n'y prêtaient [2].

[1] Rapport du 22 mai. (*Angleterre*, t. 542, n° 135.)

[2] Montmorin, répondant de Saint-Ildefonse, le 11 août, aux informations qu'il a reçues de Versailles sur les négociations du traité de paix, écrit à propos des « chicaneries » de Fox : « Le « roi d'Espagne et son ministre en sont extrê- « mement scandalisés, et ils conçoivent une « bien mauvaise opinion de la bonne foi du « ministère anglais; ils sont persuadés que si « l'Angleterre était en état de recommencer la « guerre, la négociation seroit bientôt rompue;

Le gouvernement de Louis XVI, qui s'était ingénié à panser la blessure causée par le « rocher » perdu, continua ce rôle. En mettant tout de suite à profit pour la paix l'acceptation par le comte d'Aranda des offres venues de Londres, il n'avait assurément pas la crédulité que cet ambassadeur se déterminait de lui seul, sans instructions et à l'encontre de la volonté de sa cour. M. de Vergennes écrivait bien à Montmorin, le 17 décembre, que c'était « la plus étonnante démarche dont ambassadeur eût jamais pris la responsabilité, une démarche unique dans les fastes de la diplomatie; » il se donnait là l'obligation morale de ne pas paraître douter qu'Aranda se fût avancé ainsi de sa propre autorité. Il s'appliqua, de plus, à s'en montrer persuadé et à en consoler notre mol allié. Floridablanca manifestait la plus vive colère, protestait que l'ambassadeur avait tout pris sur lui; le souverain affirmait qu'il se voyait « entraîné malgré lui par la volonté de son agent »: dans cette dépêche du 17 décembre, M. de Vergennes s'efforçait de munir Montmorin de raisons pour convaincre Charles III de l'utilité qu'il trouverait au sacrifice[1]. Du reste, le monarque prit bien juste le délai nécessaire pour avoir l'air véritablement ému, prêt à ne point accepter ce qu'il appelait « des démarches 1783.

« ils croient que la paix, si elle se termine, ne « sauroit être de longue durée, et M. de Florida-« Blanca me disoit en dernier lieu qu'il alloit « faire mettre la plus grande activité dans les « constructions et qu'il nous exhortoit à en « faire autant. Cette prévoiance est sans doute « très bonne; mais celle qui porteroit une ré-« forme éclairée dans le moral de la marine « espagnole seroit encore plus utile. » Prenant argument à ce sujet, dans les faits de la guerre et parlant de la disgrâce où est tombé l'amiral Solano, il continue par ceci, qui expliquait tard, mais compréhensivement bien des choses : « J'ignore les griefs qu'il peut avoir « fournis contre lui, mais il est certain que « l'aspect général de sa conduite n'est pas en « sa faveur. Parti au mois d'avril 1780 avec « une expédition formidable, il semble n'arriver « en Amérique que pour s'y faire envoyer par « M. de Guichen jusqu'à la Havane; dans le « cours du temps qui s'est écoulé jusqu'à son « retour en Europe, il n'a pas brûlé une amorce « contre les Anglais; en un mot, il n'a pas été « de la moindre utilité aux affaires des deux « Couronnes, mais on assure qu'en revanche « il a parfaitement fait les siennes; il est vrai « qu'il n'est pas le seul, et il paraît certain que « chaque individu de la marine a fait une for-« tune proportionnée à son grade ». (*Espagne*, t. 611, n° 68.)

[1] *Espagne*, t. 609, n° 176.

1783. suivies au delà de ses ordres ». Le 28 décembre un pli de Montmorin emportait pour Louis XVI une lettre de son oncle écrite dans ce sens. Charles III y affectait le semblant d'espérer qu'on pouvait encore remédier au sacrifice; il n'ajoutait pas moins que, au cas contraire, « les tendres sentiments de son cœur à l'égard du jeune souverain lui défendaient d'attendre qu'il remplît tous ses engagements au prix d'extrémités fâcheuses pour lui et pour ses sujets ». En fin de compte, le roi et M. de Floridablanca ne disconvinrent pas que l'Espagne était mieux traitée qu'elle n'avait été menacée de l'être. De Versailles on dit, toutefois, ce qu'il fallait dire pour ne pas se laisser supposer abusé, tout en ménageant l'amour-propre. On défendit même la conduite du comte d'Aranda. C'est le roi qui parla, répondant à son oncle que « devant des cessions importantes exigées de nous par l'Angleterre et qui auraient compromis les possessions de l'Espagne dans les grandes Antilles, l'ambassadeur avait senti le danger et s'était décidé à faire usage de ses ordres du 23 novembre; que dès ce moment les Anglais, jusqu'alors déraisonnables relativement à Gibraltar parce qu'ils doutaient de la possibilité de le céder, avaient offert des conditions si avantageuses, que celui-ci avait cru devoir les accepter; que ç'avait été de sa propre conviction, sans une insinuation de notre part pouvant déroger à nos engagements, décidés que nous étions à les remplir tous, mais qu'en l'état présent des choses il y avait impossibilité et même beaucoup d'inconvénients à changer le plan de la négociation ». Le comte d'Aranda aurait-il dû résister plus longtemps avant de consentir aux offres de Londres, porter le débat à Madrid? Il n'y a pas grand intérêt historique à le rechercher; la cour de Madrid, en tout cas, lui pardonna très vite.

Les Hollandais, eux, se sont plaints tout de suite; on se plaignit pour eux, et peut-être les récriminations d'alors ont-elles encore écho. Leur représentant à Londres fit sonner ses paroles aussitôt les Préliminaires conclus. Rayneval dut y répondre, et lord Grantham l'y aida : « M. Tor, écrit Rayneval, avait une grande tendance à avoir « le verbe haut, à parler de continuation de la guerre; j'ai tâché de le « tempérer; cependant il n'a pu se taire tout à fait; mais M[d] Grantham « lui a répondu avec un flegme et une sagesse qui l'ont déconcerté[1]. » M. de Vergennes eut toute raison de mander à Moustier, pendant les tiraillements avec Fox : « Si nous avons signé les Préliminaires « sans les Hollandais, c'est qu'aucun engagement ne nous liait à eux; « nous sommes encore dans le même état; nous leur devons des mé- « nagements, nous leur en accorderons, mais nous ne sommes tenus « envers eux à aucun sacrifice de notre intérêt[2]. » A leur égard, les auxiliaires du ministre perdaient patience. Rayneval ne pouvait être blâmé d'écrire : « Ces malheureux Hollandais se laissent tout prendre « et ils ne se sont fourrés dans la guerre que pour embarrasser la « paix »; ni d'arguer du peu à quoi ils avaient servi, pour dire qu'ils étaient assez payés déjà[3]. M. de Vergennes, en tout cas, leur restait fidèle. Dans ce moment même, il leur faisait dire qu'il voyait pour eux l'unique parti « d'acquiesser aux conditions qui leur étaient proposées, qu'elles étaient très tolérables eu égard aux pertes que leur République avait faites de toutes parts[3] ». Mais ce n'était pas pour les abandonner qu'il avait signé les Articles préliminaires. « Dussé-je « rabacher, écrivait-il à Rayneval trois jours après, le 24 janvier, je « ne puis cesser de vous recommander encore les Hollandais et leurs « intérêts. Prêtez toute assistance à M. Tor pour procurer à ses maîtres « une composition raisonnable. » D'ailleurs, en même temps qu'il réparait pour les Américains l'oubli privant le Congrès des effets de l'armistice, il en faisait autant pour les Provinces-Unies. Dans la dépêche où il annonçait comment il s'y était pris quant à ceux-là, il disait à 1783.

[1] *Angleterre*, t. 540, n° 110.

[2] Dépêche du 12 juillet. (*Ibid.*, t. 54, n° 74.)

[3] *Angleterre*, t. 540, n° 110. — « Il me « semble, ajoutait là le plénipotentiaire, que le « Roi leur a rendu un service énorme en sau- « vant le Cap et Colombo, et en se nantissant « de quelques-unes de leurs colonies. Où est « l'argent qu'ils ont fourni au Roi pour faire la « guerre? Lui en fourniront-ils dans la vue de « sauver Negapatnan? Cette question a un peu « embarrassé M. Tor. »

IMPRIMERIE NATIONALE.

1783. La Luzerne, pour que ce plénipotentiaire le répétât à Philadelphie : « La négociation des Hollandais n'étant pas assez avancée pour que la « signature des articles qui les concernent pût avoir lieu, et tout délay « ultérieur pouvant entraîner beaucoup d'inconvénients, nous avons « compris cette république dans l'armistice, en sorte qu'elle peut con- « tinuer à traiter sans être détournée par les allarmes de la guerre. »

Quoi qu'il en soit, Mercy-Argenteau mandait de Versailles à Vienne, après le traité de paix, que M. de Vergennes « s'était hâté d'en « finir en laissant les Pays-Bas dans le plus grand embarras ». S'il y avait « embarras », c'était bien d'eux qu'il venait, la suite des correspondances l'a fait assez voir. L'histoire des rapports du gouvernement de Louis XVI avec les Provinces-Unies depuis leur adhésion à la Déclaration des neutres, l'histoire qu'attestent les documents de gouvernement à gouvernement (et à leur sujet il n'y en eut pas d'autre), témoigne au contraire, à chaque page, de quels soins attentifs fut pour elles M. de Vergennes. Presser les ministres de Londres de consentir aux restitutions souhaitées par elles ou d'accéder à leurs demandes; se débattre avec persistance pour les faire comprendre dans la paix afin que, laissées seules, elles ne fussent pas aux prises avec la rancune anglaise, avait-il manqué un seul jour à le faire? Le 27 août, c'est-à-dire à la veille de la signature, il en était encore réduit à mander d'eux à Montmorin : « S'ils se mettent en retard par leur faute, il faudra bien « prendre le parti de signer sans eux. Ce ne sera pas sans regret de ma « part : car, en les laissant à la mercy des Anglais, ce sera leur faire « reprendre la chaîne qu'ils ont eu tant de peine à secouer. Je ne « pense pas, au reste, qu'il en résulte de grandes conséquences poli- « tiques. Ces gens-là ne savent être ni amis ni ennemis; ils n'ont « d'autre ressort que celui de la cupidité. » S'il n'avait surmonté qu'insuffisamment les lenteurs inhérentes à leur gouvernement, procuré par suite moins de satisfaction à ce qu'ils réclamaient, c'était malgré lui. Leur traité, signé le 2 septembre, assurait du moins les satisfactions principales. M. de Vergennes leur avait rendu au nom du roi leurs pos-

sessions des Antilles, reprises par nos forces; il venait de leur arracher 1783.
de l'Angleterre Trinquemalé, l'une des restitutions qu'ils ambitionnaient le plus[1]. Il n'y a guère de dépêches ou de lettres du ministre à Rayneval où les intérêts de la Hollande ne soient rappelés, défendus, donnés comme aussi chers au roi que les nôtres. Pour obtenir le reste, il aurait fallu que nous n'eussions pas subi l'insuccès de nos forces navales devant Gibraltar, la défaite de Grasse aux Antilles, la conclusion secrète des Américains avec l'Angleterre. Il aurait fallu aussi qu'ils négociassent plus vite, surtout à la fin, quand on traitait avec Fox. Dans tous les cas, qu'ils ne missent pas à se décider un prix supérieur à ce qu'avait été leur appui. Qui, à Versailles, aurait pardonné à M. de Vergennes de refuser la paix à cause des Pays-Bas? Reprendre pour eux la guerre, de quelles incriminations n'eût-il pas été criblé? Comme ses adversaires auraient vite échangé pour elles leurs accusations de ne l'avoir point continuée[2]! De ce qui s'est produit après contre les Provinces-Unies, nulle responsabilité ne lui est imputable. Hennin, l'autre premier commis à côté de Rayneval et qui a le plus intimement connu la pensée M. de Vergennes, ayant été

[1] Une copie des Articles préliminaires de paix entre S. M. le Roi de la Grande-Bretagne et Leurs Hautes Puissances les États généraux des Provinces-Unies des Pays-Bas, se trouve au tome 54 de l'*Angleterre*, n° 69. En voici le sommaire :

« Au nom de la T. S. Trinité : Art. I. Préambule établissant dorénavant la paix entre les « parties. — Art. II. Honneurs que se rendront « les pavillons. — Art. III. Restitution des pri« sonniers de part et d'autre, sous réserve pour « chacune d'être indemnisée des frais faits pour « eux. — Art. IV. Cession de la ville de Néga« patnam à l'Angleterre, avec ses dépendances, « en attendant un traité ultérieur fixant les « équivalents. — Art. V. Restitution par l'An« gleterre de Trinquemalé ainsi que de tous « autres forts, villes, etc., conquis où que ce « soit par les armes anglaises ou par celles « de la Compagnie des Indes orientales. — « Art. VI. Les États généraux ne gêneront pas « la Compagnie dans les mers orientales. — « Art. VII. Des commissaires seront nommés « de part et d'autre pour obvier aux désaccords « sur la navigation avec les compagnies anglaises « d'Afrique et des Indes orientales. — Art. VIII. « Restitution de toutes conquêtes effectuées de « part et d'autre. — Art. IX. Restitution réci« proque effectuée pareillement en raison des « clauses du traité entre la France et l'Angle« terre. — Fait à Paris, le deuxième jour de « septembre mil sept cent quatre-vingt-trois. — « Signé : Manchester. — Lestevenen van Berkenroode. — Brantzen. »

[2] *États-Unis*, t. 23, n° 49.

1783. comme lui et avec lui dans la *Correspondance secrète,* Hennin, chargé par attribution des affaires du Nord et qui reçut à leur sujet ses impressions et ses dictées, a fixé sur cela l'histoire en écrivant, dans la notice qu'il composa sur lui : « Peu nous importe de savoir aujour« d'hui par qui l'édifice de la liberté batave a été renversé. Mais je « dois dire que, tant que M. de Vergennes a vécu, tous les moyens « que l'Angleterre a employés pour regagner la prééminence en « Hollande ont été infructueux; que la marche qu'il s'était prescrite « aurait consolidé un système convenable aux intérêts de la France et « dont l'utilité pour la République était démontrée sans la résolution « subite du roi de Prusse[1]. »

Les successeurs immédiats de lord Shelburne au cabinet de Saint-James voyaient trop bien, au fond, la nécessité de la paix, pour que, maintenant conclue et eux ayant pu rejeter sur ce ministre suffisamment d'impopularité à cause d'elle, ils imaginassent de la récuser. M. de Vergennes avait toutes raisons, dès le 27 février, de mander à La Luzerne que « le Parlement d'Angleterre, bien que désapprouvant les conditions de la paix, avait promis au roi tout appui pour la maintenir religieusement, et que l'on était en droit de regarder cet important et salutaire ouvrage comme consommé[2]. » D'être l'auteur de ce résultat, d'avoir amené, conduit, réalisé la grande entreprise d'abaisser l'Angleterre et de rendre à la France, par cette paix, sa situation européenne qu'on eût dit perdue à la fin du règne précédent, ne lui inspirait pas plus d'emphase que n'en porte cette information toute simple, donnée à son ministre à Philadelphie. On l'a vu, antérieurement, écrire à Rayneval : « Les gens sensés et impartiaux sont « très contents de la chose et de la manière; nos maîtres le sont infini« ment »; ces deux lignes peignent l'homme public qu'il fut. Tout aux « affaires », comme on parlait en ce temps-là, recherchant ce qui serait

[1] Ms. de la bibliothèque de l'Institut, transcrit en partie dans mon volume: *Le comte de Vergennes et M. P. Hennin* (A. Colin, édit. in-12, 1898). — [2] Dépêche à La Luzerne, *États Unis*, t. 23, n° 64.

solide, le trouvant et fuyant les vanités extérieures de l'avoir procuré. 1783.
La satisfaction intime des conséquences atteintes, cela seul l'attirait.

On fut frappé et de la modestie et de la modération qu'il montra dans le succès, c'est Mercy-Argenteau qui le rapporte. Loin d'en appeler au bruit contre les « gens », suivant son mot, « dont le rétablissement de la paix rongeait l'âme », il ne pensait qu'à se défendre de l'éclat, rappelant le principe manifesté par lui dans sa correspondance à plus d'une reprise, « qu'on ne devait jamais se laisser aller à abuser contre une grande puissance des circonstances les plus favorables [1] ». Dans les inquiétudes politiques conçues des affaires russo-turques, d'Adhémar avait pensé le servir contre le dénigrement dont il était l'objet autour du roi. La lettre privée de l'ambassadeur rapportée par Mme de Charlus et contenant une de ses dernières appréciations les moins flatteuses sur Fox, portait qu'il croyait « marquer son attachement au ministre » en l'engageant « à voir quelquefois Mme de Polignac ». Il avait sans doute profité de la présence à Londres du haut personnel de Versailles pour préparer de ce côté, qui était celui de la reine, accueil à M. de Vergennes. « Comptez, je vous prie, sur elle, « écrivait-il de cette dame, et croyez que, sans manquer à la fidélité « qu'elle doit et dont elle ne s'écartera jamais, elle peut vous être « essentiellement utile. Parlez-lui avec confiance, elle sera secrète pour « vous envers les autres comme elle a pu l'être contre vous envers « d'autres. Le moment est difficile, et l'embarras des circonstances est « peut-être à Versailles comme à Londres..... L'aveu sincère de vos « principes envers le roi vous assurera dans l'avenir le dédommagement des petites contrariétés d'à présent [2]. » Curieuse révélation de ce qui existait dans l'entourage du roi. Supposait-on toute influence à la reine auprès des cours du continent, ou était-ce que le pouvoir ne pourrait plus être occupé sûrement qu'à la condition de relever d'elle?

M. de Vergennes remontait à une situation oubliée depuis quarante

[1] *Correspondance secrète de Mercy-Argenteau*, publiée par M. de Flammermont, office du 1er janvier 1783, en note à la dépêche du même jour. — [2] *Angleterre*, t. 543, n° 77.

1783. ans la maison de Bourbon et la couronne de France. A cette œuvre, que l'histoire pourra appeler grande, il déployait depuis tantôt dix années des facultés d'homme d'État rarement plus complètes chez de très consommés. Or, aux yeux de qui jugeait sous l'inspiration du milieu où Mme de Polignac apportait cette « fidélité » garantie par d'Adhémar, il se serait agi de pratiquer à présent les flatteries ou les docilités qui avaient fait déchoir le règne précédent! Le ministre dut sourire du conseil. Ce n'étaient pas ces procédés qui l'avaient placé aux premiers rangs en Europe. A la guerre sourde qu'on lui faisait il n'opposait rien sinon l'heureuse conduite des intérêts de la France. L'année suivante encore, quand depuis dix mois on jouissait des fruits de cette paix si utilement menée à fin, les mêmes échos revenaient, en Angleterre, sur le travail ourdi contre lui. A d'Adhémar qui les lui a renvoyés il répond : Je n'ai jamais eu la prétention d'être l'enfant « gâté de la faveur, je m'en éloigne même autant que d'autres seraient « peut-être empressés à s'en approcher; mais, s'il y a des intrigues « contre moi, je les ignore, et je ne m'occupe pas de les repousser. « L'emploi de cette arme n'est pas à mon usage, c'est un genre d'es- « crime pour lequel je n'ai pas la plus légère disposition. » Et, supposant que les ministres anglais d'alors auraient préféré que lui ne le fût plus, il se bornait à mettre l'ambassadeur à même d'affirmer, une fois de plus, l'entière sincérité du gouvernement du roi en souhaitant une longue durée à la paix[1] : « Je ne me flatte pas, Monsieur le Comte, « que le vœu des ministres anglais soit pour moi; peut-être me sup- « posent-ils des vues bien éloignées de celles qui m'occupent. Je n'en « ai qu'une que je caresse soigneusement, c'est de contribuer de mon « mieux à la conservation de la paix générale; je redoute la guerre, « que je regarde comme un fléau détestable; et j'assurerois bien, si les « dispositions des ministres anglais correspondaient à celles du mi- « nistre de France et si, de part et d'autre, on repoussoit les préjugés

[1] Versailles, le 29 juillet 1784.

« et les soupçons, que la paix dont nous jouissons auroit les fondements les plus solides et les plus durables. Malheureusement on se « juge sans s'éclairer; pourquoi ne pas se parler avec confiance et « surtout avec franchise? . . . . . » 1783.

Ce qui avait prise sur Vergennes, c'était, entre autres, quand lord Grantham lui avait écrit, le 10 janvier, pour lui demander de donner à Rayneval des lettres de créance de ministre plénipotentiaire comme celles de Fitz-Herbert à Versailles : « Félicitons-nous mutuellement, « Monsieur le Comte, sur l'accomplissement du grand objet qui va « occuper nos souverains, nos cours et nous-mêmes. » Un égal sentiment de grande estime de gouvernement à gouvernement substitué à l'inimitié de jadis entre la France et l'Angleterre, l'espérance d'avoir jeté les germes pleins de promesses d'un nouvel ordre européen: ces résultats maintenant certains de son œuvre politique dépassaient de beaucoup, pour sa satisfaction propre, ce qu'il aurait acquis dans la faveur dont l'ambassadeur aurait voulu le voir s'approcher. La considération que lui montrait lord Shelburne à cause de leur portée d'esprit commune, les relations presque d'amitié qui en provenaient entre eux, cela surtout, après la conscience du but qu'il avait atteint pour la France, faisait désormais la jouissance morale de M. de Vergennes. Ces acteurs politiques de la fin du dernier siècle étaient mus par les idées dont le nôtre n'est pas juste en s'en attribuant la gloire; elles animaient la plupart des hommes d'alors dont nous savons encore le nom. La conception de rapports constants de paix et d'échange entre peuples, de liens internationaux dérivés non plus d'alliances pour la guerre, mais de la notion d'humanité et de libre jeu des intérêts respectifs dans un commerce sûr de plus en plus activé, c'est d'eux qu'elle nous est venue. M. de Vergennes en était imbu et lord Shelburne autant que lui[1]. Ce fut l'aimant de l'un à l'autre. Lord Shelburne,

[1] Le lord, qui les tenait d'Adam Smith, était venu s'y renforcer à Paris autour de Trudaine et des économistes, un peu avant l'ouverture des événements d'Amérique. Voir là-dessus les *Mémoires de l'abbé Morellet* (t. I, chap. IX et XIV), qui avait connu alors lord Shelburne.

1783. couvert d'impopularité gouvernementale à Londres pour avoir donné la paix à l'Angleterre quand tout la forçait à cesser de continuer la guerre, passait l'été à Spa après un séjour à Aix-la-Chapelle. Il attira auprès de lui l'abbé Morellet, qu'il avait eu autrefois dans cette résidence de campagne où, en secret, s'étaient commencées les négociations entre Rayneval et lui. L'abbé partant, estimé à la fois des deux ministres pour ses propensions d'esprit pareilles aux leurs et pour la notoriété qu'elles lui avaient acquise, M. de Vergennes le chargea de cette lettre-ci, dont la minute est restée dans les papiers de son bureau :

Versailles, le 24 juillet 1783.

(*A Mylord Shelburne.*)

Monsieur le Comte,

J'envie à M. l'abbé Morellet le plaisir qu'il a d'aller joindre Votre Excellence et jouir de son amitié et de ses lumières. S'il est exact à vous rendre un compte fidèle de mes sentiments, il vous convaincra que je puis avoir des droits aux vôtres. Je me rappelle avec délices ces temps heureux où, traitant avec Votre Excellence l'objet intéressant de la paix, la candeur, la franchise et la loyauté animoient la négociation et posoient les fondements d'une solide intelligence entre deux nations également faites pour s'estimer et pour s'aimer. J'espère, Monsieur le Comte, que rien n'altérera le principe de cette heureuse harmonie; elle seroit bien nécessaire à la vue des circonstances orageuses qui menacent l'Europe. Permettez-moi de regretter de ne pouvoir m'y aider du secours de vos lumières. Il seroit bien étrange que les plus grandes révolutions s'opérassent sans que les deux nations véritablement puissantes fussent consultées et comptées. Leurs voies unies pourroient être d'un grand effet. Je connois assez la sûreté des principes de Votre Excellence pour être persuadé que, dans le cas de leur application, nous nous rencontrerions facilement et promptement.

Monseigneur le comte d'Artois, qui est allé se promener aux eaux de Spa, étoit parti dans l'espérance d'y rencontrer Votre Excellence; ce sera avec regret qu'il se sera vu frustré de la satisfaction de lui témoigner la haute considération dont elle jouit dans ce pays-ci.

Je me flatte que Votre Excellence ne doute que je partage bien sincèrement un sentiment qui est aussi universellement acquis. Je la prie d'en agréer l'hommage et celui du très parfait attachement avec lequel j'ai l'honneur, etc. 1783.

DE VERGENNES.

Document pour la biographie historique de l'un et de l'autre, ce pli intime du ministre de Versailles. La conflagration qui menace l'Europe est, à cette heure, chez M. de Vergennes, la préoccupation maîtresse. L'Europe nouvelle, évidemment celle que l'union de la France avec l'Angleterre vient de constituer, à vrai dire, en place de celle d'autrefois. L'Espagne longtemps, l'Autriche ensuite avaient eu la prédominance, de sorte que l'Angleterre et la France devaient se disputer leur influence, et qu'un siècle et demi de guerre en avait découlé. Lui et lord Shelburne ont retourné cette situation. Grâce à eux, il est désormais possible que la France et l'Angleterre réconciliées remplissent le rôle joué précédemment par les autres, possible qu'elles le remplissent dans les voies pacifiques dont le progrès de l'esprit humain a ouvert l'horizon. Cette conquête précieuse peut être remise en question par les ambitions de la Russie contre Constantinople. « Il y « a à craindre », avait écrit le ministre dans les instructions générales remises au comte d'Adhémar lors de son départ pour Londres, « il y « a à craindre que les projets de Catherine, lorsqu'elle se sentira ap- « puyée par l'Angleterre, ne donnent un grand ébranlement à la tran- « quilité publique ». Si Fox n'appuyait pas ouvertement vers Pétersbourg, on devinait des propensions qui faisaient réfléchir[1]. Vergennes, l'homme d'État des conquêtes purement morales, lui dont Hennin

[1] Cinq semaines après la signature de la paix, le 12 octobre, d'Adhémar a de nouveau prié Fox de faire à la cour de Russie des insinuations propres à retenir l'impératrice. Le ministre lui répond par écrit en se montrant, au contraire, tout à fait du côté de cette dernière. Son avis est que, de la part de la Turquie, intervienne un « parfait acquiessement à « ce qui est arrivé ». Et, croyant mettre le doigt sur l'intérêt véritable envisagé dans l'affaire par M. de Vergennes, il ajoute : « Je sens bien « que c'est une pilulle à avaler, mais ce sera « toujours quelque chose d'avoir terminé cette « affaire sans que l'Empereur se soit agrandi, « qui est celui des deux dont vous m'avouerez que « vous verriez le progrès avec le plus de jalousie. »

1783. pourra dire quatre ans après : « Nous l'avons vu, dans des moments « où tout autre peut-être se serait laissé entraîner à l'espérance de « grandes acquisitions; lorsqu'on lui en faisait entrevoir les possibilités, « il disait : Je pourrais annihiler l'Angleterre, que je m'en garderais « comme de la plus grande des extravagances; mais il n'y a rien que « je ne fisse pour faire changer sa politique jalouse, qui fait notre mal-« heur et le sien, qui bien approfondie n'est qu'une duperie[1] ». Vergennes est ému en toutes ses cordes du bouleversement qu'il entrevoit de son œuvre. A l'épreuve qu'il avait faite de lord Shelburne il ne doute pas, devant la perspective qui se dévoile, de le trouver dans les mêmes sentiments que lui, il lui a exprimé les siens dans la sincérité de sa nature. Lord Shelburne, poursuivi par les récriminations et les méfiances, diffère de répondre jusqu'à la rencontre d'un porteur qui soit sûr. Il en a cependant hâte; sur sa demande, M. de Vergennes a obtenu du roi une pension ecclésiastique pour Morellet, qui a pu grâce à cela suffire au voyage : il voudrait marquer sa gratitude. L'abbé, lui, remercie le premier. Il ne se borne pas à dire la reconnaissance qu'il ressent pour l'un et pour l'autre. « Je me « suis acquité aussi, continue-t-il, de la commission que vous m'avez « donnée de lui parler de votre estime et de votre attachement pour « lui; mais je lui ai bien dit que toutes mes expressions étaient au-« dessous des vôtres, et je vous rendrais de même faiblement ses sen-« timents pour vous. Vous imaginez bien, M. le comte, quel est le sujet « de nos conversations, qui roulent toutes sur le bien que vous avez « fait à l'Europe l'un et l'autre et sur celui que vous lui auriez fait en-« core s'il eût pu continuer d'y concourir avec vous[2]. » C'est deux

[1] *Éloge du comte de Vergennes*, mss. de la bibliothèque de l'Institut.

[2] *Angleterre*, t. 544; sous les numéros 16 à 19, se trouvent ces documents. Morellet terminait sa lettre par ceci : « J'ai déjà observé « avec plaisir que le regret de n'avoir pas pu « achever l'ouvrage ne prend pas sur le bonheur « de sa vie..... Il a un intérieur domestique « charmant, parfaitement *calculé*, comme ils « disent, pour le bonheur..... Deux sœurs « de son épouse, et ces trois dames ont tout ce « qui peut rendre son intérieur agréable; ajou-« tez un joli enfant..... — A Spa, le 3 août « 1893. — L'abbé MORELLET. »

semaines plus tard seulement que lord Shelburne est à même d'écrire. 1783.
Dans lè français à peine incorrect de sa plume comme de sa parole, sous la retenue seulement ou la réserve qui n'abandonnent jamais les politiques de son pays, il répond dans des vues que le ministre de Versailles pouvait juger semblables aux siennes, et avec les mêmes démonstrations d'entière confiance dont il s'était plu d'autres fois à témoigner envers lui :

Monsieur le Comte,

L'évêque de Chester vient de me fournir les moyens que j'ai cherchés inutilement ici de vous écrire avec plus de sûreté que par la poste de ce pays-ci. J'étois impatient de faire à Votre Excellence toutes les remerciements que je dois pour la grâce que Sa Majesté T. C. a daigné d'accorder à l'abbé Morellet en conséquence de l'estime et de l'amitié que j'ai pour lui. Je me flatte qu'il trouvera les moyen de s'acquitter lui-même envers le roy et Votre Excellence par son travail. Je dois aussi vous remercier, Monsieur le Comte, pour les preuves que je reçois sans cesse de votre amitié et de votre souvenir par les François que je vois ici. J'aurai été charmé si ma santé m'avoit permis de quitter Aix pour avoir l'occasion de faire ma cour à S. A. R. le comte d'Artois. J'ai senti beaucoup de regret d'avoir manqué une occasion de me présenter à un Prince si aimable et si généralement estimé de tout le monde.

Je suis si éloigné de toutes nouvelles, excepté ce qu'on trouve dans les gazettes, que je ne puis pas former le moindre jugement de ce qui peut retarder la conclusion du Traité définitif, que j'ai toujours cru être une affaire de peu de semaines. Pour ce qui regarde le système politique de l'Europe, il n'est pas nécessaire que je répète mes sentimens, qui ont été connus de M. de Rayneval de ma premiere conversation jusqu'au moment de son départ. J'ai cru trouver dès le temps de mon premier ministere en 1767 le systeme de l'Europe foncièrement changé, et si j'étois resté en place, j'avois déjà pris mon parti de faire tout ce qui étoit possible pour empecher les evenemens qui ont suivies. J'étois même détermine dans ce tems la d'avoir recours a quelques moyens surs d'ouvrir un horizon plus intime sur cet objet avec votre cour, persuadé qu'il étoit plus que de l'interet et de l'honneur de la France d'empecher ces evenemens que de faire l'acquisition de l'ile de Corse. Tout

1783. ce que j'ai vu depuis m'a confirmé dans ces principes. Je sais combien il est difficile d'oublier le passé; je sais aussi qu'il faut trouver une parfaite réciprocité de sentimens, une confiance entiere et une communication sans reserve, et qu'avec toute cela bien des difficultés pourroient encore rester, mais je ne les aurois pas craint avec les lumieres et la droiture de Votre Excellence.

Je propose de retourner en Angleterre vers le milieu du mois prochaine, ou je serai toujours charmé d'executer les commissions de lesquelles vous aurez besoin dans ce pays la. Comme l'abbé Morellet m'assure que vous avez trouvé entre vos occupations importantes le tems qu'il faut pour apprendre l'anglais, je prendrai la liberté de vous répondre, si vous me permettez, dans ma propre langue afin que je puisse assurer Votre Excellence avec plus de facilité toute la sincérité avec laquelle j'ai l'honneur d'être, Monsieur le Comte, de Votre Excellence le tres humble et tres obeissant serviteur,

SHELBURNE.

A Spa, ce 17 août 1783.

On a dans nos archives la minute définitive du traité de 1783. Chaque article y occupe un feuillet à part. M. de Vergennes a écrit de sa main, sur chacun, les corrections, les additions, les changements en dernier lieu convenus, et M. de Manchester visé de la première lettre de son nom chacun de ces feuillets destinés à faire preuve. L'acte en soi est compris dans vingt-quatre articles. La France ne s'y voyait pas rendre tout le domaine colonial que, vingt ans auparavant, le traité de Paris lui avait enlevé : du moins le Sénégal, Saint-Pierre et Miquelon, Tabago pour la Dominique; ses droits à Terre-Neuve étaient établis et sa situation dans l'Inde précisée. Mais c'est ce qui ne s'y lit pas, qui donne à cet acte sa grandeur historique. C'est le retentissement mérité par ses effets, outre celui de sa conception politique et de la consécration qu'elle recevait. S'être mesuré avec l'Angleterre, l'avoir contrainte à souhaiter la paix et à la faire au prix de proclamer elle-même l'indépendance de ses colonies d'Amérique devenant les États-Unis, et au prix de voir la France remise à sa haute place en Europe : voilà, sans que ce fût écrit, ce que le traité signifiait. M. de Vergennes avait fait accomplir l'œuvre par la France à peu près à elle seule, y engageant moralement, à mesure, toutes les puissances qui comptaient. Après l'Espagne, qui avait bien donné le semblant de ses forces navales, mais à peine la réalité, il y avait attiré le roi de Prusse pour son influence sur la cour moscovite; cette cour, la cour de Suède, celle de Danemark pour une neutralité agissante; les Provinces-Unies des Pays-Bas pour plus que la menace de leur entrée en ligne; l'Autriche elle-même, amie de l'Angleterre, neutralisée par lui, au rebours de ses propensions, sous le mirage courtoisement entretenu de devenir à temps une médiatrice souveraine. En se battant ainsi pour elle-même, la France s'était battue à vraiment parler pour tout le monde. A cette Europe dont les préoccupations, la vie, les ressources avaient été si constamment dépensées en guerres, le Traité du 3 septembre 1783 ouvrait une carrière de paix que gouverneraient des principes internationaux pleins de promesses, et l'on pouvait croire que de longtemps cette carrière heureuse ne serait pas troublée. Lorsque, très peu après, le ministre du roi eut, à lui seul aussi, par la justesse, par le désintéressement de son intervention, par sa sincérité, résolu et dissous le problème du Levant, qui était venu jeter soudain des horoscopes déconcertants sur le grand résultat acquis, ni lui ni personne ne se serait trouvé pour prévoir par quelle commotion profonde son œuvre allait être bientôt bouleversée. 1783.

ANNEXE DU CHAPITRE X.

Ici est à placer l'annexe qui suivait le Chapitre VIII dans l'ouvrage primitif, sous le titre de :

JUGEMENTS ET INDICATIONS SUR DIVERS AMÉRICAINS.

Après cela viennent exactement, là où elles doivent être, les deux pièces qui occupent la seconde moitié du Tome V :

CORRESPONDANCE DE ROCHAMBEAU.

CONFÉRENCES DE RAYNEVAL AVEC LES MINISTRES ANGLAIS.

INDEX ANALYTIQUE.

A

C

D

IMPRIMERIE NATIONALE.

F

G

H

K

L

M

N

P

R

S

V

W

TABLE GÉNÉRALE.

www.ingramcontent.com/pod-product-compliance
Ingram Content Group UK Ltd.
Pitfield, Milton Keynes, MK11 3LW, UK
UKHW012041240726
13965UKWH00003B/951

9 782013 479080